LES

SOIRÉES DE MON ONCLE

Paris. — Typographie Morris et Cie, rue Amelot, 64.

LES
SOIRÉES DE MON ONCLE

SOUVENIRS ET RÉCITS

DE

VOYAGES

PAR

MICHEL MÖRING

PARIS

A. DESESSERTS, ÉDITEUR

DE LA LIBRAIRIE A ILLUSTRATIONS POUR LA JEUNESSE

38, PASSAGE DES PANORAMAS.

1856

INTRODUCTION

SOUVENIRS DE FAMILLE.

Histoire de ce livre. — Comment le titre en fut trouvé.

Quand j'étais jeune, — il me semble qu'il y a déjà bien long-temps, on vieillit si vite maintenant ! — j'avais un oncle dont le souvenir est resté profondément gravé dans mon cœur. Mon frère, ma sœur et moi, nous l'aimions de l'affection la plus vive. Il était si bienveillant, si bon, si complaisant pour nous !...

C'était une fête lorsque, du pays éloigné qu'il habitait,

il venait parfois nous surprendre à Paris. C'était une plus grande fête encore lorsque, les vacances étant venues, nous partions avec notre mère, comme une volée impatiente et joyeuse, pour aller passer avec lui ces deux mois si longs à venir et si tôt écoulés.

Les chemins de fer n'existaient pas encore dans ce temps-là : on allait moins vite; on mettait plusieurs jours pour faire ce qui ne demande aujourd'hui que quelques heures. Mais du moins on avait le temps de se sentir heureux de voyager : on savait par où l'on passait; on voyait des villes, des villages, des pays divers, des hommes qui différaient entre eux par le costume et le langage; on se faisait ainsi des souvenirs, et l'on compensait par quelques plaisirs la longueur et les fatigues du voyage.

Aujourd'hui, on franchit la distance ; *on part et on arrive....* Mais, dans ces courses rapides où les objets ont passé devant nous sans que nos regards aient eu le temps d'en retenir les images, nous n'avons rien vu, rien appris, rien retenu.

Pour nous, le temps du voyage n'était pas un de nos moindres plaisirs. Installés dans le coupé de la diligence avec notre mère, nous choisissions chacun une fenêtre, et pendant toute la route, nous regardions sans cesse devant nous, sans rien perdre du panorama qui se déroulait sous nos yeux. C'étaient à chaque instant des questions nouvelles, auxquelles notre bonne mère s'empressait de répondre. Puis, nous nous intéressions à tout, tantôt aux chevaux blancs d'écume, tantôt au postillon, qui faisait mille efforts pour dépasser la diligence qui nous précédait. — Quand nous arrivions au relais, semblables à la mouche du coche, nous nous fussions volontiers attribué tout l'honneur du succès.

Dès que la diligence nous avait transportés au terme du voyage, nous étions sûrs de trouver mon oncle à l'arrivée. A l'aspect de nos trois têtes, qui, tant bien que mal, trouvaient place à la fois à la portière, il accourait aussi jeune et aussi heureux que nous, nous fêtant d'un regard où se peignaient à la fois sa bonté et sa joie, et nous tendant les bras comme pour nous embrasser tous les trois à la fois !

La portière à peine ouverte, nous nous élancions vers lui. C'étaient des phrases commencées et non achevées :

— Mon oncle, j'ai eu trois prix.

— Moi, deux.

— Moi, j'ai été malade (on a toujours été malade quand on n'a pas eu de prix).

— C'est bon, c'est bon !... répondait-il en riant, nous

causerons de tout cela plus tard ; laissez-moi d'abord embrasser votre mère et m'occuper de vos bagages.

Le vieux cabriolet jaune était là dans la cour, à quelque distance, attelé de *Miss*, une bonne grosse jument qui n'avait d'anglais que le nom, et dont la large encolure et les membres vigoureux accusaient l'origine normande.

C'était quelque chose de prodigieux que ce cabriolet jaune : nul n'avait encore calculé ce qu'il pouvait renfermer, et il était si vaste et si profond qu'un pensionnat tout entier aurait pu, je crois, y tenir à l'aise.

Le fameux Cheval de Troie, qui renfermait une armée de Grecs dans ses flancs, n'était rien auprès de lui !...

Au bout de quelques instants, nous étions commodément installés dans le large véhicule, et Miss nous entraînait de son trot le plus allongé, comme si elle eût compris notre empressement d'arriver au plus vite.

Mon oncle possédait une charmante propriété à quelques lieues de Saumur. C'était bien le paradis terrestre pour des écoliers en vacances ! Un parc avec de grandes allées sablées, où nous pouvions jouer et courir à l'aise ; un verger dont les fruits savoureux étaient plus faciles à atteindre que les pommes d'or du Jardin des Hespérides ; puis de bons et gais visages que nos ébats, même les plus bruyants, ne venaient jamais assombrir, et de bienveillants regards qui semblaient dire « Courage ! » à tous les éclats de notre folle joie : était-il un sort plus doux que le nôtre, et n'étions-nous pas les enfants les plus heureux de la France et même de la Navarre ?

Ajoutez à cela que depuis le jour où nous arrivions jusqu'au dernier instant de notre séjour auprès de lui, mon oncle nous appartenait tout entier, comme il le disait lui-même. — Et Dieu sait si nous mettions son bon vouloir à contribution ! — Sans cesse occupé de nous, il n'avait d'autre pensée, d'autre soin que de varier nos distractions et de nous procurer de nouveaux plaisirs.

Tantôt c'étaient de joyeuses parties de campagne ; tantôt des courses à la ville ; un jour une fête de pays ; le lendemain une noce de village à laquelle on venait nous prier d'assister, le ménétrier ouvrant la marche avec son violon tout orné de rubans.

Souvent aussi c'étaient de longues promenades, pendant lesquelles mon oncle ne manquait jamais de nous faire un de ces amusants récits qui abrégent la route et empêchent de songer à la fatigue.

Puis venait le temps de la chasse. Je marchais derrière mon oncle, tout fier de porter son carnier, qui, à chaque pas, venait se jeter entre mes jambes et manquait de me faire choir ; tandis que mon jeune frère, monté sur son poney blanc, s'efforçait de suivre César et Pompée, deux chiens braves comme le nom qu'ils portaient, et qui, loin de troubler le monde, comme leurs illustres homonymes, par leur inimitié et leurs discordes, mettaient leurs talents en commun, et faisaient une rude guerre aux hôtes des forêts.

Enfin c'était à chaque instant une fête nouvelle! Les jours et les plaisirs se succédaient si rapidement, que quand il fallait songer au départ, il nous semblait toujours que nous étions arrivés la veille.

Que d'heureuses vacances nous avons passées ainsi, depuis notre enfance jusqu'aux jours de la jeunesse!

Hélas! de tous ces plaisirs et de toutes ces joies, il ne nous reste plus que des images ineffaçables, douces dans le passé, tristes et amères dans le présent, des souvenirs que nous n'évoquons jamais sans que des larmes ne se mêlent à nos sourires!... Ces lieux si chers à nos jeunes années ne nous rappellent plus maintenant que des regrets. Deux places y sont vides; deux voix n'y répondent plus à la nôtre! Nous ferions seuls maintenant la route que nous parcourions si joyeusement jadis avec une mère chérie; et l'oncle que nous aimions tant n'est plus là pour nous attendre et nous recevoir!

Pauvre oncle! je le vois encore, avec sa haute taille, sa

belle et noble figure toujours animée par un sourire, son
regard à la fois plein de finesse et de bonté ! Je le vois,
comme autrefois, animant toutes les réunions par sa présence, déridant les fronts les plus sombres par sa conversation où l'esprit le disputait à la gaieté !... Sa voix résonne
encore à mon oreille !...

Oh ! pourquoi vieillissons-nous ? Pourquoi la vie laisse-
t-elle des épaves à toute les rives ? Et pourquoi ne pouvons-
nous arrêter la marche du temps sur ces belles années,
où notre cœur, comblé dans ses désirs, ignorait encore les
regrets ?

Pourquoi ?... Dieu fait bien ce qu'il fait : les jours succèdent aux jours, les années aux années ; des affections
nouvelles remplacent les premières sans les faire oublier ;
et en aimant ses enfants on apprend à regretter et à comprendre sa mère !

Ne murmurons donc pas contre la Providence ; et si
nous cherchons en vain autour de nous quelques-uns de
ceux qui nous furent chers, demandons à notre cœur de
nous retracer leur image, remontons la chaîne du passé, et
vivons quelquefois de nos souvenirs !

Il me semble que c'était hier. J'aperçois de loin, à l'extrémité du village, la petite maison blanche, avec ses croi-

sées toutes festonnées de chèvrefeuille et de vigne vierge sur lesquels se détachent çà et là d'énormes touffes de roses.

Voici la grille, dont les barreaux verts s'écartent à dessein pour mieux laisser voir la corbeille de fleurs qui s'épanouit au milieu de la cour d'entrée. Les portes sont ouvertes; on nous attend!... Médor nous a reconnus; il sort de sa niche de pierre, et tirant sur sa corde, comme s'il voulait la rompre pour courir plus vite au devant de nous, il jappe joyeusement et salue notre arrivée à sa manière.

Voici ma tante, sur le seuil de la porte; voici Jeanne, la vieille servante; voici Pierre, le jardinier : tous nos amis des années précédentes sont là pour nous fêter et nous recevoir. Comme nous allons être heureux ! comme le temps va s'écouler rapide !

Beaux jours passés, je vous revois encore, et mon cœur, à votre souvenir, a retrouvé sa jeunesse et ses illusions !

Je me rappelle surtout la dernière année qui nous vit tous réunis dans cet heureux séjour.

Ma sœur était déjà une grande jeune fille, moi j'avais quinze ans, et mon frère, le plus jeune de nous trois, allait atteindre sa douzième année.

Des plaisirs plus tranquilles avaient remplacé les jeux bruyants des premières années. Nous aimions davantage ces réunions du soir où la famille se groupe et se resserre, où la lecture, le jeu, le travail se chargent d'abréger les heures; nous aimions surtout ces longues causeries où l'on parle quelquefois de l'avenir et souvent du passé.

Auprès du foyer, dont la chaleur bienfaisante égaye les soirées de l'automne naissant, déjà tristes, longues et froides, les grands parents, ceux qui ont le plus vécu et appris en vivant, aiment à parler de leurs premières années, de ce temps où eux aussi ils étaient jeunes et pleins d'espérance. En cherchant ainsi dans leurs souvenirs, il retrouvent leurs illusions d'autrefois; ils sont heureux, et de douces larmes viennent quelquefois rouler au bord de leurs paupières, tandis que leur voix est tremblante d'émotion, comme si la corde la plus intime de leur cœur vibrait au dedans d'eux-mêmes, et comme s'ils écoutaient encore ces doux murmures de voix, ces chants harmonieux que l'enfance entend dans ses joies et dans ses rêves.

C'est alors qu'ils se plaisent parfois à raconter les histoires de leur vie, qu'ils laissent échapper les secrets de leurs travaux, de leurs veilles, de leurs peines, de leur affection pour leurs parents qui ne sont plus, de leur tendresse et de leur sollicitude pour nous : simple et pieux enseignement qui dit plus au cœur que les pages les plus éloquentes et les livres les plus savants.

C'était donc la dernière année que nous passâmes auprès de notre oncle.

Nous étions arrivés plus tard que de coutume ; Septembre jaunissait déjà la cime des arbres, et les feuilles des bois, semblables à une parure flétrie après le bal, jonchaient déjà le sol attristé de leurs dépouilles. La saison froide et pluvieuse avait devancé l'époque ordinaire de sa venue ; la campagne était triste comme si toute sa joie s'en était allée avec ses belles moissons ; la terre était humide, les routes impraticables.

Plus de bonnes parties dans les environs, comme nous en faisions les années précédentes ; plus de longues promenades !

La pluie tombait presque sans discontinuer, et c'était à peine si, à de rares intervalles, nous osions nous aventurer dans les allées sablées du jardin.

Le plus souvent, nous allions nous réfugier dans le grand salon, cherchant en vain à deviner un rayon de soleil derrière les gros nuages noirs qui couvraient l'horizon, écoutant les gémissements du vent qui semblait soupirer des notes plaintives à travers les grands arbres, et, malgré tout ce que nous faisions pour essayer de nous distraire, trouvant les journées longues et tristes.

— Mes pauvres enfants, nous dit un soir mon oncle, qu'allez-vous devenir si ce mauvais temps continue? C'était bien la peine de quitter Paris pour venir chercher l'air et le soleil à la campagne! vous voilà plus prisonniers et beaucoup moins heureux que dans vos rues étroites de la grande ville! Que pourrais-je donc inventer pour vous distraire un peu et rappeler la gaieté sur vos visages?

Nous ne répondions rien, mais nous conjurions tout bas le ciel de venir à notre aide et d'inspirer à celui qui nous tenait ce langage une bonne et salutaire pensée.

Dans ce temps-là, nous avions un bon ange gardien, qui devinait toutes nos pensées, lisait dans nos regards les secrets de nos cœurs et réalisait tous nos désirs. Cet ange gardien, c'était notre mère.... une bonne et sainte mère !

Hélas! pourquoi les mères ne vivent-elles pas toujours?....

— Mon frère ! dit tout à coup ma mère en quittant la place qu'elle occupait auprès du foyer et en se rapprochant de nous, il me vient une idée : tu as beaucoup voyagé à différentes époques de ta vie ; tu as parcouru les diverses contrées de la France, la Suisse, l'Italie, la Corse ; ne pourrais-tu, en feuilletant les notes que tu as dû prendre autrefois, et en rassemblant tes souvenirs, retrouver pour ces enfants quelques épisodes de ces voyages. Je me rappelle certains récits que tu me fis autrefois, quand j'avais presque leur âge, et je me souviens encore du plaisir avec lequel je les écoutai.

— Il n'y a pas de surprise possible avec toi, répondit mon oncle : ta mémoire et ton cœur vont au-devant de tout et préviennent les meilleures intentions !

En achevant ces mots, mon oncle tira de sa poche un volumineux cahier, tout jauni par le temps.

— Mes enfants, nous dit-il, voici des pages que j'ai écrites il y a plus de vingt ans ; elles renferment quelques souvenirs de mes voyages. J'ai eu longtemps l'intention d'en faire un livre destiné à l'amusement de la jeunesse et un peu à son instruction. Les voyages apprennent toujours quelque chose ; ici ce sont des mœurs curieuses que l'on étudie, là des faits historiques que l'on retrouve, plus loin de naïves légendes que l'on recueille. Partout il y a quelque chose à prendre et à retenir. Je n'ai pas donné suite à mon projet, et ce manuscrit est resté longtemps oublié dans mes cartons ; ce matin je l'ai retrouvé en rangeant des papiers, et l'idée m'est venue que vous trouveriez peut-être quelque plaisir à en entendre la lecture, et que je pourrais ainsi récréer un peu vos soirées, en attendant que le mauvais temps se dissipe et que le soleil vous rende vos plaisirs et vos amusements accoutumés.

—A une condition, dit ma mère, c'est qu'ils s'essayeront, dans la journée du lendemain, à rédiger le récit que tu leur auras fait la veille. Ce sera encore pour eux un moyen d'abréger le temps et de combattre l'ennui.

Cette dernière proposition nous souriait moins que la première ; mais ma mère était si bonne et si tendre, et nous l'aimions tant, qu'un désir exprimé par elle devenait une loi devant laquelle nous nous inclinions à l'instant même.

Pour toute réponse, nous suppliâmes mon oncle de commencer le soir même.

— Avant d'entendre la lecture de ce volume, dit ma mère, ne pourrait-on en connaître le titre ?

— J'avoue, répondit mon oncle, que c'est ce qui m'a le plus embarrassé autrefois ; aussi, après maints essais plus malheureux les uns que les autres, je n'avais trouvé qu'un moyen de me tirer d'affaire...

— Lequel ?

— De laisser le titre en blanc.

— Maintenant, ajouta ma mère, il est un titre qui se présente tout naturellement.

— Et c'est?...

— *Les Soirées de mon oncle.*

— Voilà un titre, dit mon oncle en souriant, qui m'aurait peut-être décidé à publier mon manuscrit, si je l'eusse trouvé autrefois. Il me semble que cela aurait fait un effet superbe, et je suis sûr que toute la jeunesse de Paris et des départements aurait voulu lire ce livre, sur la couverture duquel on aurait vu en grosses lettres d'or : LES SOIRÉES DE MON ONCLE !...

— *Souvenirs et récits de voyages......* m'empressai-je d'ajouter.

— C'est cela, dit ma mère; voilà le titre complet. Et, pour messieurs les auteurs, ce n'est pas, dit-on, une petite affaire !...

— Quel dommage que titre et volume ne doivent pas sortir de leur obscurité !

— Qui sait l'avenir?... hasardai-je timidement.

— Pour moi, dit mon oncle, j'ai passé le temps des folies. Mais quant à toi, mon garçon, tu seras libre plus tard d'affronter le public et la censure. Et même, à cette intention, je te léguerai mon manuscrit, si tu y tiens.

— J'accepte toujours, répondis-je en riant.

. . . .

Hélas! qu'est-il devenu, ce manuscrit qui m'était destiné?.... Ce que deviennent après nous tant d'objets, qui seraient de chers souvenirs pour ceux qui nous aiment, et que des mains ignorantes ou profanes condamnent à la destruction ou à l'oubli!

Il y a deux mois, j'ai retrouvé, précieusement conservées avec quelques essais de ma jeunesse, plusieurs pages où j'avais, pour obéir à ma mère, retracé une partie des récits de mon oncle. J'ai relu ces pages avec un charme inexprimable, et j'ai pensé qu'en les complétant à l'aide de mes souvenirs, je pourrais reconstituer le précieux manuscrit.

Telle est l'histoire de ce livre.

SOUVENIRS DE LA NORMANDIE.

L'HÉRITIÈRE DE CAUDEBEC

Un matin, je partis d'Yvetot, mon bâton de voyage à la main, et je me dirigeai vers Caudebec.

C'était un dimanche. Je rencontrai sur ma route un grand nombre de paysans. Ils paraissaient tout joyeux : les uns causaient avec animation, les autres chantaient des chansons normandes. Hommes et femmes, ils étaient vêtus de leurs plus beaux habits : les hommes avaient le chapeau à larges bords, la grande veste de drap, et les longues guêtres de cuir montant jusque au-dessus du genou ; les femmes, le petit corsage bien ajusté, terminé par une guimpe de mousseline, le jupon court, le plus souvent rouge ou bleu, et le bonnet pyramidal, dont les longues barbes de dentelles revenaient flotter autour de la tête et retombaient jusque sur les épaules ; sans oublier la petite croix d'or, ou *Jeannette*, suspendue au cou par un ruban de velours.

Je m'approchai d'un de ces paysans, et j'appris de lui qu'ils se rendaient à la fête d'un petit village, situé au-dessus d'Yvetot. Si j'avais voulu le croire, je serais revenu sur mes pas : la fête devait être superbe ; on devait danser, chanter, rire et boire pendant deux jours au moins ; sans compter que tous les *violoneux* des alentours s'y étaient donné rendez-vous.

Je laissai ces braves gens à leurs plaisirs, et je continuai mon chemin.

A quelque distance de Caudebec, et comme je commençais à apercevoir la pointe de son clocher au-dessus des arbres, je quittai la grande route et me dirigeai vers la Seine, afin d'entrer dans la ville par le côté où elle donne sur le fleuve. On m'avait dit que je trouverais là un des

plus beaux points de vue de la Normandie, et j'avais hâte
de jouir de ce magnifique spectacle.

La Seine à cet endroit a déjà une très-grande largeur ;
elle s'étend majestueusement entre deux chaînes de collines de l'aspect le plus riche et le plus varié, et présente
aux regards un vaste panorama : ici un épais rideau de
saules et de peupliers ; là d'immenses prairies, puis des
villages, des métairies, de vastes usines, enfin quelques
châteaux modernes. Partout l'animation et la vie.

Je suivais le chemin de halage, regardant les nombreux
bateaux, les uns descendant le cours du fleuve, les autres
le remontant, ceux-ci amenant dans nos ports les richesses
des nations, ceux-là portant au loin les produits si variés
de notre industrie, lorsque mon attention fut distraite par
quelques ruines d'un effet assez pittoresque, que j'aperçus
sur ma gauche, presque au sommet de la colline.

La curiosité me poussant, je pris un sentier qui semblait
se diriger de ce côté et je me mis à gravir la rude montée.
Quand je fus arrivé à mi-côte, je distinguai comme les restes
d'un vieux château. Des lignes de décombres indiquaient
les contours des anciennes constructions ; seule, une tourelle crénelée était restée debout, mais chancelante et
inclinée vers la terre comme un vieillard.

A deux cents pas environ de ces ruines, s'élevait une

vaste métairie. La nature et la forme des constructions diverses qui la composaient attestaient son origine ancienne.
C'étaient en effet de grands et hauts bâtiments, dont l'aspect
sévère, les fenêtres basses et étroites, rappelaient assez les
dépendances de quelque ancien couvent.

Le soleil était déjà haut sur l'horizon; je marchais depuis le lever du jour, et je commençais à souffrir un peu de
la chaleur et de la fatigue. Je m'assis derrière un buisson
assez touffu qui s'étendait depuis le pied jusqu'au sommet
de la colline, et qui, placé sur le bord d'un fossé à moitié
comblé, semblait marquer une des anciennes limites du
domaine où s'élevait jadis le vieux manoir. Puis je me mis
à réfléchir, tout en prenant un peu de repos.

Ces ruines, me disais-je, ont été une de ces fières
demeures féodales aux murailles épaisses, qui semblaient devoir braver à la fois et les efforts des hommes et
les ravages du temps : là résidaient la richesse, la puissance, l'orgueil peut-être; de tout cela, il ne reste plus que
des pierres éparses sur le sol, triste et dernier vestige que
la terre recouvrira bientôt. Dans le même temps, sans doute,
s'élevait l'humble métairie que j'aperçois encore avec sa
ceinture d'arbres verts et de champs fertiles. Le chêne a
été brisé par l'orage; le roseau a plié peut-être, mais il est
resté debout.

J'en étais là de mes réflexions philosophiques, quand le bruit d'une volée de perdreaux passant au-dessus de ma tête, vint subitement interrompre ma rêverie. Presque au même instant des grains de plomb sifflèrent à mes oreilles, et la détonation d'une arme à feu se fit entendre derrière moi.

Je poussai un cri et me levai brusquement.

A ma voix, une exclamation répondit de l'autre côté du buisson, et j'aperçus alors un chasseur qui accourait vers moi.

— Êtes-vous blessé? me cria-t-il. Maladroit que je suis! quel affreux malheur n'ai-je pas à me reprocher?

— Rassurez-vous, lui dis-je, je n'ai pas reçu le plus petit grain de plomb. Et d'ailleurs, s'il m'était arrivé quelque chose, ce n'eût pas été de votre faute assurément. Comment auriez-vous pu deviner que j'étais là, caché derrière cette haie?

— Allons, me dit-il, Dieu soit béni! je redoutais un accident; mais la Providence nous a protégés tous les deux.

— Votre coup de fusil n'en a pas moins fait deux victimes, repris-je en lui tendant par-dessus le buisson deux malheureux perdreaux qui étaient tombés à mes pieds.

Mais, au lieu de les prendre, le chasseur passa d'abord son fusil de mon côté, puis écartant les ronces avec ses mains, il se fraya un passage et s'avança vers moi.

— Vous ne m'en voulez pas? me dit-il.

Pour toute réponse, je lui tendis la main.

C'était un jeune homme de haute taille, aux traits nobles et distingués, à l'œil vif et intelligent. Quelque chose de triste et de doux tempérait le feu de son regard et donnait à son visage une grande expression de bonté. Son costume, composé d'un chapeau de feutre gris, d'un habit de velours noir, d'une culotte et d'un gilet de peau de daim, et de guêtres de cuir jaune, annonçait une riche condition; mais celui qui le portait y ajoutait encore par sa bonne mine et l'air de distinction répandu sur toute sa personne.

Il paraît que l'inconnu éprouva pour moi l'attrait sympathique que je ressentis tout d'abord pour lui. De là vint sans doute qu'après les premiers mots échangés, ni l'un ni l'autre de nous ne songea à continuer son chemin, et que nous nous assîmes sur le même tertre de gazon pour continuer notre conversation plus à notre aise.

Mon nouveau compagnon sut bientôt que je voyageais beaucoup pour mon plaisir et un peu pour mon instruction, et que, pour plusieurs bonnes raisons dont la position modeste de ma bourse n'était pas une des moins sérieuses, je parcourais la Normandie comme un simple compagnon

du tour de France, ma valise sur le dos et mon bâton à la
main. Mais je me hâtai d'ajouter que j'avais trouvé tant de
charmes et de distractions imprévues dans ce mode de
voyager, que, dussé-je rencontrer un trésor sur ma route,
je n'en irais pas moins à pied, marchant ou m'arrêtant à
mon gré, heureux de ma liberté et n'ayant d'autre guide
que le caprice ou le hasard.

— C'est ainsi, lui dis-je, qu'au lieu d'aller d'Yvetot
à Caudebec, comme un voyageur ordinaire, j'ai quitté
le chemin direct afin de voir la ville par son côté le plus
pittoresque; et c'est ainsi qu'ayant aperçu ces ruines, je
me suis encore une fois détourné de ma route pour
venir les examiner tout à mon aise. Convenez que si
mon itinéraire était tracé à l'avance par des relais de
poste, je ne serais pas aussi libre de varier à mon gré mes
plaisirs.

— Vous avez gravi la colline pour visiter ces ruines, me
dit l'inconnu; sans doute vous vous attendiez à trouver
quelque chose de plus intéressant.

— Non, mais je pensais rencontrer ici quelque souvenir
historique, quelque légende peut-être !

— Ce château a été autrefois une forteresse imprenable ;
c'était la citadelle d'un vaste domaine qui comprenait toute
l'étendue de pays que l'œil peut embrasser du point où

nous nous trouvons, et plus encore. De tout cela, il ne reste plus que des ruines, quelques arpents de terre, et cette métairie qui, jadis heureuse de la protection du manoir, s'est vue épargnée par l'orage qui l'a renversé, et subsiste encore à côté de ses décombres.

— Ce sont précisément les réflexions que j'étais en train de faire, lorsque la détonation de votre arme est venue changer brusquement le cours de mes pensées. Là, me disais-je, le fort qui succombe, là le faible qui demeure. Il y a là toute une suite pour la morale de la fable du bon La Fontaine.

— Il y a autre chose encore, ajouta l'inconnu d'une voix émue, il y a là une simple et touchante histoire !

— Une histoire, lui dis-je vivement; si j'osais vous demander de me la raconter?

— Volontiers. Il est bien juste que, puisque vous êtes venu ici dans l'espoir d'y recueillir quelque légende, vous ne quittiez ces lieux que riche de nouveaux souvenirs. D'ailleurs, je vous dois un dédommagement pour la brusque manière dont je suis entré en scène. Je vais donc vous dire cette histoire. Cependant, j'y mets une condition, c'est que vous serez mon hôte pendant quelques jours.

Et il me tendit la main.

Comment refuser? Je n'avais pas d'excuse à invoquer,

j'étais libre; puis il me semblait que cet inconnu et moi nous étions déjà de vieux amis. Ma main répondit donc à son étreinte et j'acceptai.

Et voici, ou à peu près, l'histoire qu'il me raconta :

C'était vers le commencement de l'année 1793. La révolution, comme un immense incendie, élargissait peu à peu son foyer, et pénétrait de jour en jour dans les provinces. Déjà les principales villes de France avaient accueilli les idées nouvelles, et les passions déchaînées n'avaient plus aucun frein, ne reconnaissaient plus aucun pouvoir. Déjà toute autorité était méconnue, la religion n'avait plus d'autels, et le clergé, refusant de prêter un serment impie et sacrilége, était proscrit et persécuté. Le rang, la fortune, les honneurs, étaient autant de titres à la haine; et tous ceux que leurs biens ou leur nom désignaient à la fureur populaire n'avaient plus qu'un espoir de salut, la fuite.

Heureux encore ceux qui pouvaient fuir; car partout les ordres les plus sévères étaient donnés; la plupart de ceux qui avaient réussi à s'échapper étaient arrêtés à la frontière, et revenaient s'entasser dans les prisons et augmenter le nombre des malheureuses victimes vouées à l'opprobre et à la mort.

Le descendant de cette longue suite de rois qui avaient rendu la France puissante et redoutée, attendait dans une prison d'État l'heure fatale qui devait terminer sa longue et pénible agonie.

De toutes les provinces de France, la Normandie fut peut-être une de celles où le mouvement révolutionnaire se propagea le plus rapidement. D'abord, ce fut Rouen qui donna l'exemple; les autres villes l'imitèrent bientôt; quelques-unes cependant résistèrent plus longtemps à l'entraînement général. Sans doute la foi religieuse y était plus vive, le respect des traditions plus intact; sans doute aussi le peu de facilité des communications et l'éloignement des grandes routes empêchaient les idées nouvelles d'y parvenir et de s'y développer aussi promptement.

De ce nombre fut Caudebec, l'ancienne capitale du pays de Caux.

Cependant, au moment où commence cette histoire, un comité révolutionnaire venait de s'y organiser; les églises se fermaient, les prêtres se cachaient; de sourdes rumeurs circulaient déjà dans la ville et dans les campagnes environnantes. Tous ceux que menaçait le danger se préparaient à la fuite.

A cette époque, s'élevait, à la place des ruines que vous voyez ici, l'antique château d'Hermont. C'était un de ces manoirs féodaux, bâtis plusieurs siècles auparavant pour protéger leurs possesseurs contre les violences de leurs voisins, à ces époques où la guerre était en permanence et où les campagnes désolées n'avaient pas le temps de préparer d'une année à l'autre de nouvelles moissons. Avec ses murailles noircies par le temps, ses tourelles crénelées, et les larges fossés qui l'entouraient, le château d'Hermont était une demeure sombre et sévère ; on eût dit une prison d'État. Je ne l'ai vu qu'une fois dans mon enfance ; mais son aspect a laissé en moi une de ces impressions qui ne s'effacent pas.

Car, vous le savez, ce qui nous affecte péniblement, aussi bien dans l'enfance que dans le reste de la vie, se grave plus profondément dans notre mémoire que ce qui réjouit nos yeux ou notre cœur.

La famille d'Hermont était une des plus anciennes du pays ; elle descendait de ces farouches guerriers de la Scandinavie, qui venaient, suivant leur propre langage, de *la patrie des hommes*, et qui finirent par s'établir en France après avoir, pendant plusieurs siècles, porté la terreur de leurs armes jusque dans l'intérieur de Paris.

Les derniers descendants de cette famille étaient alors le comte Raoul, possesseur du château et des nombreux domaines qui l'entouraient, et une sœur mariée à un noble seigneur vendéen, le vicomte de Lussanges.

Le comte Raoul avait trente ans; exempt d'ambition, ne rêvant que le bonheur domestique, il avait épousé la fille d'un pauvre gentilhomme qui, après avoir consacré sa vie tout entière au service de son pays, était mort en ne laissant à son enfant qu'un nom glorieux et une réputation irréprochable.

Mais si celle-ci n'avait pas les biens de la fortune qui attirent de nombreux prétendants, en revanche, la nature l'avait comblée de tous les dons les plus précieux : cœur, esprit, beauté, elle avait tout ce qui peut plaire, tout ce qui contribue à répandre le bonheur et le charme autour de soi.

Marié depuis deux ans, le comte Raoul venait de voir la naissance d'une fille mettre le comble à tous ses désirs. Rien n'aurait pu ajouter à sa félicité, si les événements qui se préparaient, et dont mieux que personne il prévoyait le dénoûment prochain, n'étaient venus porter le trouble et la désolation au milieu de toutes ses joies.

Dans une salle du manoir, le comte et la comtesse s'entretenaient à voix basse, tandis qu'à quelque distance, leur fille bien-aimée, âgée d'un mois à peine, dormait dans son berceau.

C'était le soir, un de ces soirs d'hiver où la bise glaciale

souffle avec violence, où la neige fouette les vitres ; un de
ces soirs où l'âme est triste, où quelque chose pleure et
gémit au dedans de nous, comme un écho de la nature
plaintive et désolée.

Mais quittons un instant le château.

Non loin de là, et séparée seulement par une portion du
parc, s'élevait une des principales métairies du domaine.
Elle était telle que vous la voyez encore aujourd'hui, présentant plutôt l'aspect d'un couvent que celui d'une ferme.
En effet, à une époque reculée, ses murs avaient abrité de
pieux cénobites ; plus tard le nombre toujours croissant des
religieux avait décidé les ancêtres du comte d'Hermont à
leur faire bâtir, sur l'autre rive de la Seine, une demeure
plus spacieuse et plus riche.

Le fermier qui habitait alors la métairie ne la tenait
à loyer que depuis peu de temps. C'était un des hommes
les plus laborieux du pays et un des plus habiles à cultiver
la terre ; mais en même temps, c'était une de ces natures
qui contiennent le germe de toutes les passions mauvaises.
Esprit inquiet et envieux, cœur incapable d'affection et de
reconnaissance, jaloux du bonheur des autres, toujours
mécontent de son sort, il n'avait jamais invoqué ni béni la
Providence ; et si de riches moissons venaient le récompen-

ser amplement de son labeur, son œil se détournait des
gerbes nombreuses que l'on entassait pour lui, et allait,
plein de convoitise, se reporter sur les champs du fermier
son voisin. Pour de tels hommes, le bonheur des autres
est une insulte, leur fortune, leurs biens, comme un dommage qu'ils éprouvent.

Quand les révolutions éclatent, c'est à ceux-là qu'elles
s'adressent tout d'abord. Qui pourrait mieux comprendre
ce langage qui flatte les passions, exalte les mauvais instincts, déchaîne toutes les haines et toutes les colères?...

Dès que Jean-Pierre — c'était le nom du fermier — sut
qu'un comité révolutionnaire s'organisait à Caudebec, il
se hâta de s'y rendre et de s'y faire admettre; bientôt il en
fut un des membres les plus assidus et les plus exaltés.
Chaque soir, après les travaux de la journée, il quittait sa
demeure, pour ne revenir souvent que fort avant dans la
nuit.

Que se passait-il donc dans ces réunions? La rumeur publique le disait assez : la fortune, la liberté, la vie même
des hommes les plus honorables du pays y étaient mises
en question; de sinistres projets se formaient chaque jour;
déjà les plans étaient arrêtés : on allait agir.

Jean-Pierre avait épousé, deux années auparavant, une
orpheline recueillie et élevée par la mère du comte d'Her-

mont. C'était à ce mariage qu'il devait, lui pauvre manou-
vrier, d'être devenu un des principaux fermiers du château. Il n'aurait pas dû l'oublier; mais c'était un cœur
fermé à tout bon sentiment, même à la reconnaissance.

Marie-Jeanne, elle, était bien différente de son mari :
bonne, douce, affectueuse, elle se faisait aimer de tous
ceux qui la connaissaient. Pauvre femme! sans doute elle
avait rêvé ce bonheur d'une union bien assortie, auquel
rien ne peut être comparé ici-bas; mais elle ne tarda pas
à s'apercevoir que le cœur de son mari n'était pas fait pour
la comprendre. Cependant elle s'attacha de plus en plus à
ses devoirs, demandant à Dieu de lui donner du courage.

Si Marie-Jeanne avait eu un enfant, elle se fût trouvée
moins malheureuse; mais la Providence lui avait refusé
cette consolation.

Le repas du soir venait de se terminer à la ferme; Jean-
Pierre et Marie-Jeanne étaient restés seuls. Jean-Pierre
était ce jour-là plus morne et plus silencieux que de coutume. Quand les valets et les servantes se furent retirés et
qu'on n'entendit plus aucun bruit dans la métairie, il
quitta la place qu'il occupait, et, détachant son fusil suspendu au-dessus de la cheminée, il se mit à le charger.

Marie-Jeanne tressaillit à cette vue; elle soupçonna

quelque chose de terrible, et rassemblant tout son courage :

— Que va-t-il donc se passer, dit-elle d'une voix mal
assurée ?

A cette question, un éclair de colère passa dans le regard du fermier. Cependant il parut chercher à dissimuler,
et se contenta de répondre d'un ton brusque :

— Ne peut-on manger un lapin aussi bien que les
maîtres du château ?... Ne vas-tu pas me persuader que
c'est un crime ?... Que le gibier pille nos récoltes, rien
de mieux, mais qu'un paysan cherche à se venger du
tort qui lui est fait, le voilà digne de la potence,
n'est-ce pas ?

— Tu me trompes, Jean-Pierre ! ce n'est pas là le motif
qui te fait sortir armé à cette heure. Écoute : je t'ai jusqu'à
ce jour obéi sans murmurer ; jamais une plainte ni un mot
de reproche ne sont sortis de ma bouche. Cependant je sais
que tu conspires contre nos maîtres, contre nos bienfaiteurs. J'espérais qu'au dernier moment tu aurais horreur
de t'associer à une aussi coupable action. Mais tout à
l'heure, en te voyant prendre cette arme, j'ai eu peur. Je
ne sais quel horrible pressentiment s'est emparé de moi...
Jean-Pierre, je t'en supplie, ne sors pas ce soir !...

En prononçant ces paroles, Marie-Jeanne s'était agenouillée devant son mari ; ses yeux étaient baignés de larmes, et ses mains suppliantes s'étendaient vers lui.

Jean-Pierre la repoussa rudement.

— Je ne veux même pas te répondre, lui dit-il, et je n'ai pas le temps de t'écouter davantage. Retiens bien ceci seulement, et songe que, si tu me désobéis, tu attireras sur toi toute ma colère : personne ne doit savoir que j'ai quitté la ferme ce soir. Adieu... Demain seulement, si je n'étais pas revenu, tu trouverais quelque prétexte pour expliquer mon absence. Maintenant, garde-toi une autre fois de te mêler de mes affaires ; et si tu veux m'en croire, reste chez toi tous ces jours-ci et ne t'occupe pas de ce qui pourra se passer autour de nous. Sans cela il pourrait t'arriver malheur !

Cela dit, Jean-Pierre prit son chapeau et sortit de la maison.

Marie-Jeanne resta quelque temps à la même place, comme atterrée par les paroles qu'elle venait d'entendre. Puis elle se releva brusquement, et ces paroles s'échappèrent de ses lèvres :

— Il a été sourd à ma prière ; il a résisté à mes larmes... Eh bien ! puisqu'il persiste à vouloir les perdre, je déjouerai ses projets et je les sauverai !

Alors elle s'agenouilla, fit une courte prière devant

le crucifix de bois placé au chevet de son lit, et ayant pris sa mante, elle s'en enveloppa et sortit avec précaution.

Elle s'arrêta quelques instants à la porte de la ferme, avant de se mettre en route, craignant que quelque soupçon ne s'élevât dans l'esprit de son mari et qu'il ne revînt sur ses pas pour l'épier. Puis, quand elle se fut assurée qu'elle n'avait rien à redouter de ce côté, elle se dirigea en toute hâte vers le château.

Le comte Raoul et la comtesse sa femme s'entretenaient des tristes événements qui se préparaient, quand on vint les avertir que Marie-Jeanne demandait à être admise auprès d'eux.

En la voyant arriver à pareille heure, les vêtements en désordre, couverte de neige, pâle et les traits bouleversés, le comte comprit qu'il s'agissait de quelque événement extraordinaire.

— Fuyez, mes nobles maîtres, fuyez !... dit Marie-Jeanne quand elle se fut assurée que personne, excepté le comte et la comtesse, ne pouvait l'entendre. Hâtez-vous, et fasse le ciel que vous ayez le temps encore d'échapper au péril qui vous menace !

Et elle leur raconta la scène qui venait d'avoir lieu entre elle et son mari.

— Nul doute, ajouta-t-elle, qu'il ne vienne bientôt ici pour vous arrêter. Ce sera demain ! cette nuit peut-être !... Oh ! partez pendant qu'il en est encore temps.

—Soyez bénie, Marie-Jeanne !... dit la comtesse. Vous, du moins, vous ne nous avez ni abandonnés ni trahis?

— Vous trahir !... vous abandonner !... Mais n'est-ce pas ici que j'ai été recueillie et élevée, moi pauvre orpheline? N'est-ce pas dans ces murs que j'ai vu la joie et l'espérance succéder pour moi à la misère et à l'abandon? Croyez-vous que je perde jamais le souvenir des bienfaits de la noble famille d'Hermont?

—Mais, malheureuse femme, dit le comte, ne craignez-vous pas la colère de votre mari?

— Et que m'importe de souffrir, si je vous sauve? Un peu plus, un peu moins, ma vie n'en suivra pas moins son pénible cours!... Mais ce n'est pas de moi qu'il s'agit. Je vous en conjure, ne perdez pas un temps précieux !

— Oui, dit le comte, il faut partir à l'instant même. Mais comment fuir? De quel côté diriger nos pas? Quelle que soit la route que nous choisissions, nous sommes sûrs d'y rencontrer des ennemis !

— Attendez ! dit Marie-Jeanne. Au bas du sentier, sur le bord de la rivière, est la cabane de la vieille Marthe, dont le mari, Pierre le pêcheur, est mort la semaine dernière. Lui aussi vous était dévoué, le pauvre homme ! N'aviez-vous pas relevé sa chaumière renversée un matin par l'inondation ? Ses meubles, sa barque et jusqu'à ses filets, vous aviez tout remplacé ; si bien qu'il n'eût qu'à remercier Dieu de lui avoir envoyé ce malheur !... Ah ! s'il vivait encore, le vieux pêcheur, il saurait bien vous soustraire au danger... Mais, du moins, sa barque est encore là, amarrée au rivage... Ne pourriez-vous, à l'aide de cette barque, échapper à vos ennemis ?...

— C'est le ciel qui t'inspire, Marie-Jeanne ! dit le comte Raoul. Oui, c'est bien là notre seul moyen de salut. Peut-être parviendrons-nous à atteindre quelque endroit de refuge ; peut-être même rencontrerons-nous quelque bâtiment qui nous mettra à l'abri de toutes les poursuites. — Partons donc. Toi, ma chère amie, prends à la hâte, pour toi et notre enfant, tout ce qui est nécessaire à ce hasardeux voyage. Moi, je vais me munir de l'argent que nous pouvons emporter. Puis je préviendrai André, le plus fidèle et le plus dévoué de nos serviteurs, le seul que je veuille associer à nos dangers et à notre fuite. Et vous, Marie-Jeanne, partez maintenant : vous avez fait tout ce

que vous pouviez pour nous; hâtez-vous de retourner à la
ferme avant que Jean-Pierre ne soit de retour. .

— Je ne vous quitterai que quand je vous saurai hors
de danger.

Vainement la comtesse ajouta ses instances à celles de
son mari : Marie-Jeanne demeura. Elle prit l'enfant, qui
venait de s'éveiller ; elle étouffa sous ses caresses les
cris de la pauvre petite, si bien que celle-ci se calma
bientôt et s'endormit dans ses bras, croyant sans doute
être dans ceux de sa mère.

Cependant tout était près pour le départ. Le comte et
la comtesse, suivis d'André et de Marie-Jeanne, qui portait
l'enfant, sortirent silencieusement du château.

Au moment ou ils en franchissaient le seuil, ils crurent
entendre dans le lointain un bruit de pas et de voix con-
fuses. Ils s'arrêtèrent quelques instants, écoutant dans
une cruelle anxiété. Bientôt ils aperçurent devant eux, à
l'extrémité d'une longue avenue qui n'existe plus aujour-
d'hui, et qui, passant devant la ferme, reliait le château à
la route de Caudebec à Yvetot, une lueur rougeâtre qui
leur permit de distinguer une troupe nombreuse se dirigeant de leur côté.

— Il était temps, dit Marie-Jeanne, les voici!... Hâtons-
nous de fuir!...

La nuit était noire ; pas une étoile ne brillait au ciel : c'était une véritable nuit de tristesse et de deuil. La neige, qui ne cessait de tomber depuis plusieurs heures, formait sur la terre une couche profonde. André, chargé, de guider la marche des fugitifs, avait mille peines à reconnaître le sentier, dont la trace disparaissait entièrement sous la neige.

A chaque instant on se trompait de direction et on était obligé de revenir sur ses pas. La marche était difficile et périlleuse même, puisqu'il fallait descendre tout le coteau dont la pente est, comme vous le voyez, assez rapide ; chacun avait peine à se maintenir sur ce terrain glissant, et la jeune comtesse se tenait suspendue au bras de son mari. Marie-Jeanne, seule, chargée de son précieux fardeau, s'avançait d'un pas ferme. C'était elle qui rassurait la comtesse et qui ranimait son courage en lui parlant de sa fille. L'enfant dormait toujours.

La chaumière du pêcheur n'était pas à plus d'un quart d'heure de marche du château, et cependant les fugitifs étaient en route depuis près d'une heure, lorsqu'ils frappèrent enfin à la porte de Mathurine.

Grands furent d'abord l'effroi et l'étonnement de la pauvre vieille femme, surprise ainsi dans son sommeil au milieu de la nuit. Mais elle se remit bientôt, et assura ses bienfaiteurs que tout ce qu'elle possédait, sa chaumière, sa barque étaient à leur service, et qu'elle serait trop heureuse de contribuer à leur salut et d'assurer leur fuite, même au prix de sa vie et de son repos.

Mathurine se hâta d'allumer dans l'âtre un feu clair de bois sec et de sarments, devant lequel la comtesse se reposa un peu, pendant que Marie-Jeanne aidait à André et au comte à préparer la barque et à y transporter ce qui pouvait être utile au voyage.

Cependant au bout de quelques instants, Marie-Jeanne rentra précipitamment dans la chaumière :

— Madame, venez vite!... ils ont suivi notre trace; ils descendent le coteau!...

Alors elle prit de nouveau l'enfant et entraîna la comtesse. Le comte et André étaient déjà dans la barque; la comtesse y monta à son tour, puis elle tendit les bras pour recevoir sa fille.

Mais à ce moment André poussa la barque loin du rivage, à l'aide de l'aviron : soit qu'il crût que la comtesse eût déjà son enfant avec elle; soit, ce qui est plus probable, que ce fût le résultat d'une convention faite entre lui, son maître et Marie-Jeanne.

La barque s'éloigna, entraînée par le courant.

— Mon enfant! ma fille! cria la pauvre mère en se débattant entre les bras du comte.

— Ne craignez rien, dit Marie-Jeanne, je veillerai sur elle comme sur ma propre enfant, et je vous la rendrai lorsque les mauvais jours seront passés. Pourriez-vous l'exposer aux chances de ce périlleux voyage? elle gênerait votre fuite!... Priez Dieu pour elle et pour moi!... car je serai sa mère jusqu'au jour où vous viendrez me la reprendre!

— Ma fille! ma fille!... dit encore la pauvre mère.

Puis elle tomba sans connaissance au fond de la barque.

— Dieu vous récompense, Marie-Jeanne!... dit le comte.

Alors lui et André saisirent les rames, et sous une impulsion vigoureuse, la barque gagna le large et se perdit dans l'obscurité.

Cependant la troupe approchait de la chaumière de Mathurine, Marie-Jeanne les voyait, à la lueur de leurs torches, descendre le coteau; son mari marchait le premier : c'était lui qui guidait les autres, en suivant sur la neige la trace des fugitifs.

Mais à ce moment de danger suprême pour Mathurine et Marie-Jeanne, Dieu sembla vouloir les protéger : un vent violent s'éleva tout à coup, emportant avec lui des tourbillons de neige. Les persécuteurs essayèrent long-temps de lutter contre la tempête; mais enfin ils durent céder : d'ailleurs l'ouragan avait effacé jusqu'aux derniers vestiges des pas de leurs victimes.

Marie-Jeanne entendit leurs blasphèmes et leurs cris de rage; puis elle les vit s'éloigner et retourner sur leurs pas.

Alors elle se hâta de rentrer dans la chaumière, et après avoir remis la pauvre petite fille à Mathurine, en lui disant de la cacher à tous les regards, pendant quelques jours et jusqu'à ce qu'elle vînt la reprendre, elle se hâta de retourner à la ferme en faisant un long détour.

Lorsqu'elle y arriva, après une course précipitée, son mari n'était pas encore de retour. Elle gagna sa chambre, et après avoir caché ses vêtements trempés par la neige, elle se mit au lit et attendit.

Une heure ne s'était pas écoulée qu'elle entendit reten-tir le pas de son mari. Il entra, et son premier soin fut d'approcher sa lanterne du lit. Marie-Jeanne fermait les yeux comme si elle dormait.

— Allons! murmura Jean-Pierre à demi-voix, je me suis trompé; j'ai cru que c'était elle qui les avait prévenus. Dans ce cas, ajouta-t-il avec un son de voix farouche,

j'avais juré de me venger, et je l'eusse fait sans hésiter!
Ne serais-je pas riche maintenant, si le comte et la comtesse n'étaient pas parvenus à s'échapper?... Ne m'avait-
on pas promis pour récompense, si je réussissais à les arrêter, la plus grande partie de leurs domaines?...

Marie-Jeanne comprit l'horrible pensée de son mari et
le but de sa méchante action. Elle remercia le ciel d'avoir
déjoué ses projets. Puis, vaincue par la fatigue et l'émotion, elle s'endormit.

Lorsqu'elle se réveilla le matin, Jean-Pierre était déjà
parti depuis longtemps.

Pendant huit jours, Marie-Jeanne se garda bien de quitter la ferme ; elle dissimula son inquiétude, se livra avec
la même ardeur à ses travaux accoutumés, écouta avec une
apparente impassibilité les récits divers que l'on faisait
sur la fuite du comte, et parvint enfin à désarmer entièrement les soupçons de son mari et à gagner même jusqu'à
un certain point sa confiance.

Pauvre Marie-Jeanne ! comme elle dut souffrir ! Mais de
quels sacrifices le cœur des femmes n'est-il pas capable,
quand il est inspiré par le dévouement?

Un matin, Marie-Jeanne dit à son mari qu'elle allait partir pour Yvetot, afin d'y vendre quelques-uns des produits
de la ferme et d'y faire en même temps quelques emplettes.

Une servante lui amena son ânesse, chargée de lourds paniers qui contenaient les provisions, et Marie-Jeanne, chassant devant elle l'animal, partit en annonçant qu'elle serait de retour avant la nuit. Elle savait que Jean-Pierre devait être absent toute la journée.

Celui-ci conçut d'abord quelques soupçons, et suivit de loin Marie-Jeanne jusqu'au bout de l'avenue ; mais quand il la vit tourner à gauche et prendre bravement la grande route en se dirigeant vers Yvetot, il pensa qu'il avait tort de suspecter ainsi sa femme, et il prit lui-même le chemin de Caudebec.

Marie-Jeanne accomplit son voyage avec une telle diligence, qu'une heure avant la chute du jour, elle était de retour d'Yvetot ; seulement, au lieu de rentrer tout droit à la ferme, elle se rendit chez Mathurine.

Quelle ne fut pas d'abord son inquiétude lorsqu'en entrant dans la chaumière elle vit la vieille femme et n'aperçut point l'enfant !

— Où est-elle ? qu'en avez-vous fait, Mathurine ?

— Dame ! vous m'avez recommandé de la bien cacher, et je n'ai eu garde d'y manquer ; elle est là dans mon étable, où je lui ai fait un bon petit lit de fougère et de mousse. Elle dort en ce moment.

— Et il ne vous est rien arrivé? vous n'avez pas été inquiétée?

— Je vais vous raconter cela. Après votre départ, je cachai l'enfant dans l'étable ; puis, lorsque je me fus assurée qu'elle dormait, je me fis auprès d'elle un lit de paille sèche et je m'endormis à mon tour. Tout à coup je fus réveillée brusquement par des coups violents frappés à ma porte... — Ouvrez! criait-on, ouvrez, au nom de la loi et du peuple !... Je me hâtai de fermer l'étroite ouverture qui donne passage de l'étable dans ma chaumière, et j'ouvris... C'était Jean-Pierre !... Le jour n'était pas encore levé... Il marchait une lanterne à la main, comme les rôdeurs de nuit. — Qu'est-ce que tu as donc, luis dis-je, à te promener ainsi la nuit et à réveiller les gens à pareille heure? — Que t'importe? me répondit-il. Et me repoussant brusquement, il se mit à visiter ma chaumière. Vous savez que celle-ci est en partie adossée au rocher. Pas un coin, pas un trou, pas une pierre n'échappèrent à ses regards inquiets. Je tremblais qu'il ne découvrît l'issue de l'étable; mais la Providence veilla sur nous, et il n'en fut rien. Tout à coup, je le vis se baisser. — Qu'est-ce que cela? me dit-il en me montrant une petite boîte ronde.

— Je me souviens? dit Marie-Jeanne interrompant le récit de Mathurine : cette boîte, la comtesse l'avait laissée, après en avoir tiré, pour le passer à son cou, un collier qui contenait des cheveux de sa mère. Mais continuez, Mathurine. Que lui avez-vous répondu?

— J'hésitai d'abord. — Me diras-tu enfin ce que c'est que cette boîte? répéta-t-il. — Va le demander à mon pauvre défunt, lui répondis-je, car c'est lui qui l'avait trouvée en revenant d'Yvetot. — Bien sûr?... — Crois-le, ou ne le crois pas, qu'est-ce que ça me fait à moi?... A ce moment, l'enfant poussa un faible vagissement. Jean-Pierre détourna la tête et prêta l'oreille quelques instants. — J'avais cru entendre comme le cri d'un petit enfant!... — Ou le bêlement d'un agneau nouveau-né, répondis-je, car j'en ai un que le voisin m'a donné hier.... Jean-Pierre s'est contenté de ma réponse. Alors il s'est mis à me questionner longuement : il m'a demandé si j'avais entendu parler de la fuite du comte et de la comtesse d'Hermont, si je les avais vus. Je lui ai répondu que je ne sortais pas de chez moi, que je ne voyais personne, et que c'était lui qui me donnait la première nouvelle du départ des maîtres du château. Je craignais qu'il ne s'informât de ce qu'était devenue ma barque. Mais il ne s'était sans doute pas aperçu de sa disparition. Je tremblais aussi que la petite ne poussât quelque nouveau cri qui dénonçât sa présence; heureusement il n'en a rien été. Peu d'instants après,

Jean-Pierre est parti. Depuis ce temps je n'ai revu personne.

— Dieu soit loué! Et maintenant, bonne Mathurine, votre tâche est finie et la mienne va commencer.

— Est-ce que vous allez emmener la petite?

— Oui sans doute.

— Et votre mari?

— Je ne sais ce que je lui dirai; mais le Ciel m'inspirera sans doute. Nous n'avons pas d'enfant; peut-être sera-t-il ému de pitié à la vue de cette pauvre petite créature abandonnée.

— Dieu vous entende!

Et Mathurine alla chercher l'enfant.

Marie-Jeanne, pour écarter les soupçons de son mari, dépouilla la petite fille de tout ce qui aurait pu dénoncer son origine, et la vêtit comme une enfant de la campagne. Elle s'était pourvue à Yvetot de tout ce qui était nécessaire à cet effet. Puis elle enveloppa l'enfant dans les plis de sa mante, et prit congé de Mathurine.

La nuit commençait à tomber lorsque Marie-Jeanne rentra à la ferme. C'était l'heure où, après les travaux du jour, les serviteurs se réunissaient dans la grande salle basse : les femmes préparaient le repas du soir; les hommes causaient auprès de l'âtre en attendant le souper.

Ce fut un cri de surprise lorsqu'on vit entrer la maîtresse portant dans ses bras un tout petit enfant. Quand elle se fut assise, chacun l'entoura, ceux-ci debout, celles-là agenouillées pour mieux regarder l'innocente créature qui dormait sur ses genoux. Toutes les voix s'élevèrent à la fois : c'était, ou à peu près, la même question.

Marie-Jeanne mit un doigt sur sa bouche, comme pour commander le silence, et, montrant l'enfant, elle dit à voix basse :

— Ne faites pas de bruit, pour ne pas la réveiller ; je vais vous dire l'histoire....

A ce moment Jean-Pierre entra.

Au même instant la petite fille s'éveilla et poussa un cri plaintif.

Marie-Jeanne tressaillit à la vue de son mari ; elle murmura dans son cœur une fervente prière.

— Que se passe-t-il donc ici, dit Jean-Pierre, et quel est cet enfant ?

— Ah ! c'est tout une histoire, dit Marie-Jeanne, en contenant de son mieux l'émotion et la crainte qui l'agitaient. J'allais raconter cela lorsque tu es entré. Figure-toi, mon ami, que j'avais vendu toutes mes provisions au

marché, et que je m'en revenais montée sur *Jacqueline,*
lorsqu'à une lieue d'ici, dans un endroit où, comme tu le
sais, il n'y a que des champs et aucune habitation, j'ai
entendu tout à coup comme les vagissements d'un enfant.
Je me suis approchée, j'ai mis pied à terre, et, dans un
des fossés qui bordent la route, j'ai trouvé cette pauvre
petite créature.

— C'est sans doute, dit brusquement Jean-Pierre,
quelque enfant d'aristocrate.

— Mais non, notre maître, dit un des valets de charrue, elle est vêtue comme une fille de paysan.

— Qu'est-ce que cela y fait, nigaud? Est-ce que tous
les déguisements ne sont pas de mode par le temps qui
court?

Puis, s'adressant à sa femme :

— Qu'avais-tu besoin de te charger de cette enfant et
de l'apporter ici?

— Fallait-il, mon ami, la laisser périr de froid et de
faim? Toi-même, j'en suis sûre, tu l'aurais ramassée.
Vois, elle est si gentille ! Tiens, la voilà qui te regarde et
qui te tend ses petits bras.

— C'est bon ! c'est bon ! crois-tu pas m'attendrir par
toutes ces cajoleries? Garde-la jusqu'à demain, puisque tu
l'as prise. Mais demain il faudra voir ; on s'informera

dans le pays, et si personne ne la réclame, on verra à la faire mettre quelque part.

— Je ferai tout ce que tu voudras, dit Marie-Jeanne, heureuse de voir que son stratagème avait réussi, et pensant que c'était déjà une grande chose d'avoir obtenu de son mari cette première concession.

Le souper fini, chacun entoura de nouveau Marie-Jeanne. Celle-ci n'avait voulu confier à personne le soin de garder la pauvre petite, et la tenait toujours entre ses bras.

L'enfant ouvrait ses grands yeux bleus et les promenait sans effroi sur toutes ces figures diverses ; parfois même elle semblait sourire.

Jean-Pierre lui-même avait fini par s'approcher du groupe.

Rien n'est beau comme l'enfance. Sa vue fait naître les plus tendres sentiments, et souvent elle refoule dans l'âme du méchant ses pensées mauvaises et ses projets coupables. Le regard d'un enfant ou l'une de ses douces caresses a souvent désarmé la vengeance et détourné le bras prêt à frapper. Si la vertu impose aux hommes, l'innocence n'a-t-elle pas aussi son pouvoir? Or l'enfant, c'est l'innocence, c'est un reflet de cette beauté divine qui résume en soi le vrai, le beau et le bien.

Jean-Pierre, cette nature farouche, ce cœur fermé aux bons et honnêtes sentiments, ne put se défendre d'un mouvement de pitié en contemplant la frêle créature. Bientôt ce fut avec intérêt, avec plaisir même, qu'il attacha ses regards sur elle. Il lui sembla que celle-ci lui souriait de son plus doux sourire. Alors la glace de son cœur se fondit, et il se prit à penser combien sont heureux ceux à qui le ciel accorde des enfants, et combien il frappe cruellement ceux qu'il prive des joies de la paternité.

Et dans ce moment, où sans doute ses passions mauvaises se taisaient, et où les bons instincts que Dieu a mis dans l'âme de chaque homme se réveillaient en lui, il s'écria, parlant haut et croyant penser tout bas.

— Oh ! que cette enfant n'est-elle à nous !

La prière de Marie-Jeanne avait été exaucée ; des larmes jaillirent de ses yeux. Elle s'approcha, et étendant les bras, elle présenta la petite fille à son mari. Sa voix était tremblante d'émotion :

— Si tu voulais ? lui dit-elle.

— Quoi?... dit celui-ci, surpris d'avoir laissé tomber de ses lèvres le secret de sa pensée.

— Cette pauvre petite !... sa mère l'a abandonnée sans doute, et personne ne viendra la réclamer ; si tu voulais... nous la garderions.

Jean-Pierre ne répondit pas ; mais il prit l'enfant, la baisa doucement au front et la rendit à sa femme. Alors une larme, la première peut-être, s'échappa de ses yeux. Il en fut honteux sans doute, car il se hâta de l'essuyer, et se levant brusquement, il quitta la salle.

Cependant les jours, les semaines, les mois se passèrent sans que personne vînt réclamer la pauvre petite. — Hélas, ils étaient proscrits ceux qui auraient pu venir la redemander !

Marie-Jeanne, heureuse du consentement tacite de son mari, n'avait rien ajouté sur son projet de garder l'enfant, depuis la scène que je viens de raconter. Elle était devenue véritablement la mère de la petite fille : seule elle lui donnait des soins, et elle lui consacrait la plus grande partie de son temps.

La petite grandissait ; elle avait atteint six mois. Jamais on n'avait vu un plus joli visage ni une nature plus tendre et plus douce. Pas une plainte, pas un cri. Son réveil était un sourire, et c'était en souriant encore qu'elle s'endormait sur les genoux de Marie-Jeanne.

Celle-ci n'avait pas seule toutes ses caresses ; dès que l'enfant apercevait Jean-Pierre, elle tendait vers lui ses petits bras, et semblait n'être heureuse que quand il l'avait prise sur ses genoux pour la faire jouer et l'embrasser.

Jean-Pierre n'était plus le même homme : lui qui naguère s'absentait tous les jours pour aller à la ville, il passait maintenant presque toutes ses soirées à la ferme.

Un jour que Marie-Jeanne et lui étaient demeurés seuls après le départ de leurs serviteurs, et que l'enfant, plus gentille encore que de coutume, allait des bras de l'un à l'autre, semblant prendre plaisir à ce continuel échange qui lui valait chaque fois de nouvelles caresses, Jean-Pierre dit à sa femme :

— Personne n'est venu réclamer cette enfant; il y a plus de cinq mois que nous l'avons, et il est peu probable maintenant qu'on vienne jamais nous la redemander : si tu veux, nous la garderons ?

— Si je le veux !... dit Marie-Jeanne; ne sais-tu pas que c'est le plus cher de mes vœux ?

— Nous l'élèverons comme si elle était notre fille, et nous tâcherons qu'elle ignore toujours le véritable secret de sa naissance.

— Oh ! merci, Jean-Pierre ! si tu savais comme tu me rends heureuse !

— Et moi ? Penses-tu que je n'éprouve pas quelque joie à penser que cette enfant m'appellera son père ? C'est pour elle maintenant que je travaillerai, que je veux devenir riche !

— A présent qu'elle est notre enfant, dit Marie-Jeanne, quel nom lui donnerons-nous?

— Nous l'appellerons Jeanne-Marie, répondit Jean-Pierre, en adressant à sa femme un regard qui fut pour celle-ci comme un premier rayon de joie, comme l'aurore de son bonheur.

Le lendemain, comme les serviteurs de la ferme étaient rassemblés, Jean-Pierre leur dit en leur montrant l'enfant :

— Voici ma fille ; elle se nommera Jeanne-Marie, et nul d'entre vous ne lui dira jamais que nous ne sommes pas véritablement ses parents suivant les lois du sang et de la nature.

Ce fut un jour de fête à la ferme que celui où Jeanne-Marie fit véritablement son entrée dans la famille.

Mais laissons grandir Jeanne-Marie sous les soins tendres et dévoués de Marie-Jeanne.

Les événements politiques avaient marché ; Louis XVI était mort ; de nombreuses victimes remplissaient les prisons et marchaient chaque jour à la mort. Le décret qui prononçait la confiscation des biens des émigrés était mis à exécution par toute la France, et tous ceux qui convoitaient naguère ces biens s'empressaient alors de les acheter à vil prix.

La ferme de Jean-Pierre et tous les biens du comte d'Hermont devaient être vendus, suivant un ordre émané des autorités révolutionnaires de Caudebec.

La ferme avait prospéré entre les mains de Jean-Pierre, et il y avait amassé depuis quelques années une somme assez ronde; il pensa qu'en échangeant cet argent contre des assignats, déjà dépréciés, il pourrait se procurer une somme en apparence beaucoup plus considérable, qui lui permettrait d'acquérir, non-seulement la ferme, mais encore une partie des biens de son ancien seigneur.

Marie-Jeanne, à laquelle il fit part de ses projets ambitieux, n'essaya pas de l'en détourner. Elle l'encouragea, au contraire, à les mener à bonne fin; car elle pensait que si le comte et la comtesse d'Hermont devaient être dépouillés, c'était la Providence qui permettait qu'une partie de leurs biens tombât en possession de son mari : celui-ci en effet pouvait un jour restituer à Jeanne-Marie l'héritage de ses parents.

Jean-Pierre se rendit donc à la vente, plein d'anxiété. Heureusement pour lui, les prétendants étaient peu nombreux; la somme dont il pouvait disposer lui permit d'acquérir toute la portion du domaine qui se trouvait du côté de la rive droite de la Seine. C'était plus qu'il n'avait osé espérer ; et il s'en revint chez lui faire part à Marie-Jeanne de l'heureux succès qui comblait ses désirs.

Dès ce moment son activité redoubla ; il augmenta le nombre de ses serviteurs, cultiva par lui-même toutes les terres de son nouveau domaine, le rendit florissant, et devint en quelques années le plus riche propriétaire de la contrée.

Pour le château, au grand regret de Marie-Jeanne, qui n'osa à cet égard exprimer un désir, de peur d'éveiller les soupçons de son mari, il ne tarda pas à tomber en ruines faute de réparation. Jean-Pierre le fit même démolir en partie, pour en faire servir les matériaux à l'augmentation de la ferme ; de sorte qu'au bout d'une dizaine d'années, sauf cette tour qui est encore debout, le vieux manoir ne fut plus qu'un amas de décombres.

Cependant, au moment où Jean-Pierre semblait n'avoir plus rien à désirer, où ses biens prospéraient et s'augmentaient de jour en jour, une maladie cruelle vint le saisir. Tous les soins furent inutiles et bientôt il sentit approcher sa dernière heure.

A cet instant suprême, sa conscience se troubla ; les pieuses croyances de sa jeunesse se réveillèrent au dedans de lui : il comprit qu'il allait paraître devant Dieu, lui qui avait persécuté ses bienfaiteurs et qui s'était emparé de leurs biens. Le remords plus cruel que le mal torturait son âme.

Dieu sans doute se laissa fléchir par Jeanne-Marie, qui le priait d'adoucir les souffrances de celui qu'elle croyait son père : le cœur de Jean-Pierre s'ouvrit au repentir.

Un soir que Marie-Jeanne veillait seule auprès de lui, il lui fit signe de venir s'asseoir au chevet de son lit.

— Mon cœur est déchiré par le remords, lui dit-il d'une voix affaiblie, je suis bien coupable; Dieu me pardonnera-t-il ?

— Le bon Dieu a pris pitié de toi depuis longtemps, lui répondit Marie-Jeanne.... depuis le jour où tu as accueilli sous ton toit et nommé ta fille l'enfant de ceux que tu persécutais.

— Quoi ! Jeanne-Marie,.... s'écria Jean-Pierre en se dressant sur son lit.

Mais, épuisé par cette secousse violente, il retomba et fut quelques instants sans pouvoir articuler une parole ; seulement on voyait des larmes couler lentement sur ses joues.

— Oui, je comprends tout maintenant, Marie-Jeanne, dit-il, au bout de quelques instants, en prenant la main de sa femme et en la portant à ses lèvres, je comprends ton dévouement sublime. C'est toi qui t'es chargée de réparer tout le mal que je commettais! C'est toi qui as sauvé le comte et la comtesse d'Hermont; c'est à toi qu'ils ont confié leur enfant!... Lorsque tu ne cherchais pas à me dissuader d'acquérir leurs biens, c'est que tu pensais à les conserver ainsi à leur fille!... Oh! tu es une sainte et digne femme, Marie-Jeanne!... J'ai été bien coupable, et je t'ai cruellement fait souffrir!... Puisses-tu me pardonner !

— Te pardonner? que ne puis-je te sauver aussi!

— Pourquoi me parler ainsi et augmenter mes regrets de quitter la vie?... Tu le vois, il n'y a plus d'espoir ; mes forces s'épuisent, ma voix s'affaiblit, ma poitrine est oppressée, la respiration me manque.... la vie m'échappe.... Marie-Jeanne, un dernier mot : jure-moi qu'aussitôt que tu le pourras, tu rendras tous ces biens que j'ai... volés... à leurs légitimes possesseurs.... et que s'ils ne reviennent pas, tu les laisseras après toi à Jeanne-Marie; seulement, dis-lui le plus tard possible qu'elle n'était pas ma fille.... afin qu'elle ne me maudisse pas!. .

— Je te le jure, dit Marie-Jeanne, en s'agenouillant auprès du mourant et en couvrant sa main de baisers et de larmes.

Il semblait que Jean-Pierre n'attendît que ce serment
pour quitter la vie ; sa main devint raide et glacée entre
celles de sa femme, et quand celle-ci, en proie à un triste
pressentiment, se leva précipitamment et s'approcha de
lui, elle l'entendit prononcer ces mots :

— Mon Dieu, pardonnez-moi !...

Puis un souffle, le dernier, vint expirer sur ses lèvres
décolorées.

Mais laissons ce triste tableau.

Après la mort de son mari, Marie-Jeanne afferma tous
ses biens, et, retirée à Caudebec dans une petite maison
qu'elle avait achetée, elle voua tout son temps et tous ses
soins à Jeanne-Marie.

La France, délivrée de la révolution et de la république, commençait alors à respirer. Tandis que ses
armées victorieuses faisaient la loi à l'Europe étonnée,
Napoléon, grâce à son activité infatigable et à son génie, relevait les institutions du pays, pacifiait les provinces désolées par la guerre civile, rendait les églises au
culte, rouvrait les écoles publiques et protégeait les lettres
et les arts.

Marie-Jeanne espérait toujours recevoir des nouvelles
du comte d'Hermont. Plusieurs émigrés étaient revenus

dans le pays, mais aucun d'eux n'avait entendu parler du comte ni de la comtesse.

Pendant ce temps, Jeanne-Marie avait grandi ; elle sortait déjà de l'enfance. Marie-Jeanne comprit que pour exécuter dignement la mission dont elle s'était chargée, elle devait faire donner à la fille du comte d'Hermont une éducation, sinon en rapport avec le rang qu'elle devait occuper un jour, du moins supérieure à la condition dans laquelle elle avait été élevée jusqu'alors. Mais pour cela, il lui fallait se séparer de sa fille adoptive, car la petite ville de Caudebec n'offrait aucune ressource pour l'accomplissement de ses projets.

Marie-Jeanne était dans une grande perplexité lorsque le curé de Caudebec, à qui elle fit part un jour de son embarras, lui apprit qu'il avait au Havre une sœur très-instruite, qui se chargerait volontiers de l'éducation de Jeanne-Marie. Cette sœur était l'ancienne abbesse d'un couvent fermé pendant la révolution ; tant qu'avait duré la Terreur, elle avait dû se cacher pour échapper à l'arrêt de mort qui la menaçait ; libre maintenant, elle restait pauvre, et avait besoin de se créer des ressources par son travail. Or, elle avait résolu de réunir quelques jeunes filles pour les instruire, et de former un petit pensionnat dans la ville du Havre, où elle avait établi sa résidence.

Marie-Jeanne pensa qu'elle ne pouvait mieux choisir ; elle partit pour le Havre, emmenant avec elle Jeanne-Marie.

Deux jours après, celle-ci était admise parmi les pensionnaires de dame Allain.

Ce fut une cruelle séparation que celle de Marie-Jeanne et de sa fille adoptive. La pauvre femme la serra bien des fois dans ses bras avant de se résoudre à s'en séparer ; elle se retournait à chaque pas pour la voir encore. Enfin, la porte de la maison de dame Allain se referma, mettant entre Marie-Jeanne et son enfant bien aimée, ce monde de désirs, de regrets, de souvenirs et d'espérances, de pensées et de larmes, qu'on appelle l'*absence*. Pauvre Marie-Jeanne !

La séparation ne fut pas moins douloureuse pour Jeanne-Marie. Elle n'avait jamais quitté celle qu'elle croyait sa mère ; elle était habituée à sa tendre affection, à ses soins de chaque jour, à ses douces caresses... et elle se voyait entourée de visages inconnus !

Cependant dame Allain paraissait si bienveillante et si bonne, elle savait si bien les paroles qui consolent, sa voix allait si bien au cœur, que Jeanne-Marie, après avoir donné un libre cours à ses larmes, se prit à se trouver moins malheureuse auprès d'elle qu'elle ne l'avait cru d'abord. Ses jeunes compagnes, par leur empressement et par leur gaieté, achevèrent l'œuvre commencée par dame Allain.

Faut-il en conclure que la jeunesse est ingrate et oublieuse?... Non, mais ses impressions sont tout à la fois plus vives et moins durables : de nouvelles images se succèdent sans cesse dans son esprit, et elle se distrait plus vite que l'âge mûr et la vieillesse.

Jeanne-Marie demeura pendant plusieurs années auprès de dame Allain, ajoutant, sous l'influence de cette bonne et sage institutrice, aux dons heureux qu'elle avait reçus de la nature, tous les dons du cœur et de l'esprit. Tous les ans, elle allait passer deux mois de vacances auprès de Marie-Jeanne; de plus, dans le courant de l'année, celle-ci ne passait pas un mois sans venir visiter la jeune pensionnaire.

Une fois, en quittant Jeanne-Marie et en la serrant sur son cœur, Marie-Jeanne éprouva une émotion plus pénible et plus forte que de coutume; de sombres pressentiments troublèrent son âme : il lui sembla qu'elle ne devait plus revoir et qu'elle embrassait pour la dernière fois cette enfant à laquelle elle avait consacré sa vie.

Hélas! ces pressentiments devaient se changer bientôt en une triste réalité!

Un mois se passa sans que Marie-Jeanne vînt, comme à l'ordinaire, visiter Jeanne-Marie. Celle-ci, tout inquiète, se hâta d'écrire à Caudebec une lettre pleine de tendres reproches. Puis elle attendit dans une pénible anxiété, ne prenant plus part aux jeux de ses compagnes, et ne pouvant pas même être consolée par les bonnes et affectueuses paroles de dame Allain.

Un matin, on lui remit une lettre. Elle manifesta d'abord sa joie ; mais bientôt ses yeux se remplirent de larmes en ne reconnaissant pas l'écriture de Marie-Jeanne.

Tremblante, elle brise le cachet, et lit ce qui suit :

« Prenez courage, mon enfant, et venez au plus vite !
« Votre mère demande à vous voir. Une maladie cruelle
« met ses jours en danger ; mais tout espoir n'est pas
« encore perdu : votre amour et vos soins, et surtout vos
« prières à Dieu, la rendront sans doute à la santé et à la
« vie. Prenez courage !... et venez !... »

Cette lettre était du frère de dame Allain, du curé de Caudebec.

Je renonce à peindre la douleur de Jeanne-Marie à cette affreuse nouvelle. Marie-Jeanne, sa mère bien-aimée, allait lui être ravie ! Déjà elle n'avait plus d'espérance, et une voix triste et plaintive lui disait au fond du cœur qu'elle allait se trouver seule sur la terre. Au moins, si elle pouvait arriver assez tôt pour recevoir les derniers baisers, les bénédictions et les adieux de sa mère !... Dans la voiture qui l'emmenait si lentement, tandis que son cœur et ses désirs étaient si pleins d'impatience, elle suppliait Dieu, en sa naïve prière, d'abréger pour elle cette route qui lui semblait si longue.

Enfin elle arriva à Caudebec. S'élançant à terre, dès que la voiture se fut arrêtée, elle courut sans prendre haleine jusqu'à la maison de Marie-Jeanne. Là, elle resta quelques instants sur le seuil. Les volets étaient fermés et cachaient la fenêtre où sa mère avait coutume de travailler tout le jour ; la maison était triste et silencieuse comme une demeure déserte et inhabitée. Le cœur de Jeanne-Marie se serra, et ce fut presque avec la certitude de son malheur qu'elle franchit le seuil de la porte. Elle se rendit à la chambre de sa mère ; elle parcourut toute la maison, puis le jardin.... Personne !... Effrayée de ce silence de mort qui régnait autour d'elle, elle appela... Nulle voix ne répondit à la sienne !... Alors elle rentra dans la salle commune. La solitude et la tristesse qui l'environnaient retombèrent sur son âme comme un voile de deuil ; elle comprit son malheur, et se laissant tomber sur un siége, elle éclata en larmes et en sanglots.

Tout à coup un bruit de pas et de voix retentit dans l'escalier et arrache Jeanne-Marie à sa douleur... Si elle s'était trompée !... si sa mère vivait encore !... Mais ce n'est pas le son de sa voix ; ce n'est pas le bruit de ses pas...

Jeanne-Marie prête l'oreille.

— Ah ! elle est arrivée ! dit une voix ; eh bien, elle ne tardera pas à repartir. Je n'ai pas envie de la laisser s'établir ici.

— Ni moi, répond une autre voix.

Au même instant, la porte s'ouvre violemment, et deux hommes entrent dans la pièce où se tient Jeanne-Marie.

— Où est ma mère?... où est Marie-Jeanne?... dit celle-ci.

— Sa mère? dit l'un d'eux... Comme si elle ne savait pas qu'elle a été trouvée sur la grande route et recueillie par charité!

— Allez ! allez, la belle demoiselle ! ajoute l'autre, il y a trop longtemps que vous faites ici vos embarras à notre détriment !...

— C'était bien assez de le souffrir tant que notre cousine Marie-Jeanne a vécu ; mais maintenant qu'elle est morte, il vous faudra aller chercher ailleurs vos parents !...

Les deux hommes qui parlaient ainsi étaient en effet des parents éloignés de Marie-Jeanne : l'un était garçon de charrue dans une ferme du voisinage ; l'autre exerçait le métier de pilote. Jeanne-Marie se rappela alors les avoir vus dans son enfance.

Quoi ! leur répondit-elle, ma mère est morte, j'arrive trop tard pour recevoir ses derniers embrassements !... et vous venez troubler ma douleur et me chasser de ces lieux comme une étrangère !...

—Ah çà ! nous avez-vous compris ? lui répondit le marin. Ne savez-vous donc pas que vous n'étiez rien à Marie-Jeanne ?

— Je sais qu'elle était ma mère !... tout le reste ne peut être qu'un odieux mensonge !

— C'en est trop ! reprend le valet de ferme.

Puis, s'avançant vers elle :

— Sortez !... lui dit-il en la menaçant ; cette maison nous appartient, et vous n'êtes plus rien ici !...

A ce moment, un nouveau personnage entra dans la salle : c'était le curé de Caudebec. Il avait tout entendu.

—N'est-ce pas qu'ils mentent ? dit Jeanne-Marie en s'élançant à sa rencontre. N'est-ce pas que celle qui m'a tant aimée était véritablement ma mère ?

— Ma fille, répondit le bon curé, ces hommes offensent Dieu en vous parlant avec cette dureté ; cependant ils ont dit vrai : Marie-Jeanne était votre mère par l'affection et par le cœur, mais elle ne l'était pas selon les lois de la nature.

Puis la prenant par la main et l'attirant doucement vers la porte :

—Venez, mon enfant, ajouta-t-il ; puisqu'on vous chasse impitoyablement de cette maison, venez pleurer ailleurs celle que, dans votre cœur et dans vos souvenirs, vous aurez toujours le droit d'appeler votre mère. Vous voilà seule au monde, sans fortune, sans parents!... mais ne perdez pas courage : je ne vous abandonnerai pas... et Dieu fera le reste!... Venez!

Et il l'entraîna hors de la maison.

Chemin faisant, il lui apprit que Marie-Jeanne était morte le jour même où il lui avait écrit. Elle n'avait cessé de demander Jeanne-Marie et de prononcer son nom. Lui et la plupart de ceux qui la connaissaient croyaient qu'elle était réellement la mère de Jeanne-Marie ; mais le lendemain même de la mort, deux parents de la défunte étaient subitement arrivés, affirmant que Jeanne-Marie n'était nullement sa fille, et offrant de le prouver par le témoignage des anciens serviteurs de la ferme de

Jean-Pierre. Ce qui le prouvait mieux encore, c'était l'absence de tout acte constatant la naissance de Jeanne-Marie. Alors les hommes de loi étaient arrivés. On avait vainement cherché un testament ; on n'avait rien trouvé qui indiquât les dernières volontés de Marie-Jeanne et qui réglât le sort de sa fille adoptive. Or, les deux cousins, seuls parents de la défunte, allaient être mis en possession de son héritage. On annonçait même que, dans quelques jours, on allait vendre la maison de Caudebec, les meubles, la ferme et les biens considérables que Jean-Pierre avait acquis après la fuite du comte d'Hermont.

Combien tous ces détails étaient indifférents à la pauvre Jeanne-Marie !...

Tout entière à sa douleur, elle pleurait Marie-Jeanne, sa bienfaitrice, celle qu'au milieu de ses larmes et de ses sanglots, elle ne cessait d'appeler sa mère.

Enfin arriva le jour de la vente. Malgré les instances du bon curé, Jeanne-Marie voulut s'y rendre ; elle possédait un peu d'argent, fruit de ses épargnes sur la petite somme que Marie-Jeanne lui apportait chaque mois, et elle désirait acquérir quelque objet de minime valeur ayant appartenu à sa bienfaitrice, comme son livre de prières et le crucifix de bois suspendu au chevet de son lit. Elle partit donc, accompagnée de Marthe, la vieille servante du curé.

C'était un grand tumulte dans la demeure jadis si paisible de Marie-Jeanne; la maison était pleine d'acheteurs et de curieux, prenant et examinant toute chose, allant et venant de pièce en pièce, se pressant, se heurtant, et parlant haut, comme dans un lieu où il n'y a plus rien à respecter. Au milieu de tout ce monde, les deux cousins se faisaient remarquer par leur joie inconvenante et par les éclats bruyants de leurs voix.

A l'arrivée de Jeanne-Marie, il se fit un moment de silence, et chacun se rangea avec un respectueux intérêt pour donner passage à la pauvre orpheline. Celle-ci se rendit à la chambre de sa bienfaitrice, non loin des pieux objets dont elle convoitait la possession.

Ce fut dans cette même chambre que la vente commença; tous les meubles qui la garnissaient furent successivement adjugés. Heureusement pour la pauvre enfant, personne ne songea à lui disputer le pauvre crucifix de bois, ni le livre dont un simple fermoir de cuivre retenait les feuillets usés par le temps et par la prière !

La foule avait passé dans une pièce voisine. Jeanne-Marie était restée seule, assise auprès du lit où sa bienfaitrice avait rendu le dernier soupir, et tenant dans ses mains les précieuses reliques auxquelles elle venait de consacrer ses dernières ressources.

Abîmée dans une douleur profonde et pleurant amèrement, elle ne s'aperçut pas d'abord que quelqu'un était demeuré avec elle dans la chambre, et la regardait avec intérêt. Peu à peu cependant elle finit par remarquer la présence d'un inconnu.

C'était un jeune homme qui semblait, par son costume, étranger au pays. Lui aussi paraissait en proie à une vive émotion, à un chagrin profond. Accoudé sur un meuble, non loin de Jeanne-Marie, il regardait la jeune fille, et des larmes abondantes s'échappaient de ses yeux.

A l'aspect de cet inconnu, Jeanne-Marie se leva pour se retirer. Mais celui-ci la retint et la contraignit doucement à s'asseoir de nouveau.

— Pourquoi voulez-vous fuir? lui dit-il; si vous êtes triste, ne le suis-je pas comme vous?... Préférez-vous rencontrer de nouveau ces visages avides qui insultent à votre douleur?

Et comme la jeune fille ne répondait pas, le jeune homme ajouta :

— J'ai entendu parler de vous tout à l'heure dans la foule; on disait que la défunte vous avait trouvée et recueillie tout enfant, et qu'elle vous avait élevée comme sa fille, vous aimant comme la plus tendre mère aime son enfant.

— C'est bien vrai ! dit Jeanne-Marie.

— Mais comment se fait-il alors que votre bienfaitrice n'ait pas songé à assurer votre avenir ? Comment, après avoir pris soin de vous pendant sa vie, vous a-t-elle condamnée après sa mort à l'abandon et au dénûment ?

— Oh ! n'accusez pas la mémoire de ma chère bienfaitrice !... N'a-t-elle pas assez fait depuis mon enfance jusqu'à ce jour ?... Si vous saviez comme elle était bonne, comme elle m'aimait !... Jamais je n'aurais pu croire que je n'étais pas réellement sa fille, et ce n'est qu'après sa mort que ce triste secret m'a été révélé !... Ah ! je suis bien malheureuse maintenant !...

— Quelquefois, dit l'inconnu, les malheurs d'autrui nous consolent des nôtres ou nous aident du moins à les supporter. Je suis bien malheureux aussi, moi qui vous parle !... Jugez-en vous-même. J'assiste ici à la vente des biens dont mon oncle, le comte d'Hermont, a été dépouillé par le fermier Jean-Pierre !...

— Quoi, vous seriez de la famille du comte d'Hermont, de cette famille que ma bienfaitrice m'a appris à aimer et à respecter depuis mon enfance ?... Mais, ces biens dont vous parliez tout à l'heure, Jean-Pierre les avait achetés !

— Oui, achetés à vil prix, après avoir été la cause de la fuite et de la mort de ses maîtres.

— Marie-Jeanne m'a raconté en effet qu'ils avaient dû quitter le château pendant la révolution. Chaque fois qu'elle en parlait, elle versait des larmes et me regardait avec plus de tendresse encore que de coutume ; aussi, si je n'avais pas craint de lui rappeler des peines qu'elle semblait vouloir me cacher, je lui aurais parlé souvent du comte et de la comtesse d'Hermont, si bons, si charitables, et dont le souvenir est encore cher à tous les habitants de ce pays !... Mais que sont-ils devenus après leur fuite ?

— Ils ont dû être arrêtés avant de sortir de France. J'étais alors en Angleterre avec ma mère, sœur de la comtesse d'Hermont, et mon père, le vicomte de Lussanges. Un jour, en lisant une lettre qu'il venait de recevoir de France, mon père pâlit et chancela, comme un homme qui apprend une triste nouvelle. Ma mère voulut lui retirer la lettre des mains ; mais il la repoussa doucement.— Ma sœur ! lui dit-elle ; tu as des nouvelles de ma sœur !... Mon père garda d'abord le silence ; mais bientôt il ne put cacher à ma mère l'affreuse vérité : le comte et la comtesse d'Hermont avaient péri au Havre, sur l'échafaud, avec un vieux domestique qui les accompagnait dans leur fuite ; leurs noms avaient été vus parmi ceux des nombreuses victimes que la révolution envoyait chaque jour à la mort. Nous savions que ma tante était devenue mère peu de temps avant son départ d'Hermont. Qu'était devenue la fille du comte et de la comtesse?... Nous supposâmes qu'elle était morte aussi. Ma mère survécut peu à cet affreux chagrin. Un an après, j'eus la douleur de perdre mon père. Maintenant me voilà revenu en France ; mais j'ai trouvé les biens de mon père en des mains étrangères, et j'arrive en ce pays pour voir vendre ceux de mon oncle !... Encore, si ces biens vous eussent appartenu... je les regretterais moins, je vous l'assure !... Mais ces deux paysans avides...

— Je suis plus riche que vous, dit Jeanne-Marie, car je puis vous laisser un souvenir de la sœur de votre mère : il doit y avoir, dans ce vieux livre, une petite image donnée par la vicomtesse de Lussanges à la comtesse d'Hermont, et que Marie-Jeanne avait reçue de celle-ci et conservée pieusement.

En disant ces mots, Jeanne-Marie ouvre le fermoir et parcourt les feuillets du livre. Mais voici qu'un papier plié et cacheté s'en échappe. L'inconnu se baisse pour le ramasser.... Tout à coup il pousse un cri de surprise.

— Lisez vous-même, dit-il à Jeanne-Marie : « *Ceci est* « *mon testament, fait en faveur de Jeanne-Marie, ma fille* « *adoptive, fille du comte et de la comtesse d'Hermont...* »

— O Providence!... Quoi! cette enfant du comte et de la comtesse d'Hermont...

— Quoi! vous seriez...

Par un mouvement spontané, les deux jeunes gens, se tenant par la main, se jettent à genoux et remercient Dieu avec ferveur.

Mais le jeune homme s'est relevé.

— Restez là, dit-il, je vais, avec ce testament, chasser ces héritiers avides et cruels, et cette foule importune. Désormais vous êtes ici chez vous, et je suis là pour défendre vos droits !

Il part, il arrive au milieu de la vente qui se poursuivait.

On s'arrête à sa voix.

Le testament est ouvert au milieu de l'étonnement général ; il contenait l'histoire entière de Jeanne-Marie, écrite de la main de Marie-Jeanne. Celle-ci terminait en disant que, malgré toutes ses recherches, elle n'avait jamais pu retrouver la trace du comte et de la comtesse d'Hermont, et qu'elle avait tout lieu de croire qu'ils avaient trouvé la mort dans leur fuite ; elle laissait à Jeanne-Marie tous les biens dont Jean-Pierre s'était rendu possesseur.

Les deux cousins s'éloignèrent en poussant des cris de

rage, et la foule s'écoula, bénissant la Providence, et se redisant les détails de la touchante histoire de L'Héritière de Caudebec.

Depuis ce temps, en effet, ce fut le surnom donné à Jeanne-Marie.

Le reste de l'histoire se devine. Jeanne-Marie ne voulut accepter les biens que Dieu lui envoyait que pour les partager avec son cousin. Il y eut entre eux un long combat de générosité. Le bon curé les mit bien vite d'accord ; et il fut convenu qu'un mois après, un mariage réunirait les deux orphelins.

Jeanne-Marie retourna auprès de dame Allain ; ce fut là que son fiancé vint la chercher pour la conduire à l'autel.

Mon compagnon avait achevé son récit... J'écoutais encore.

— Tenez, me dit-il soudain, en me montrant à quelque distance une jeune femme qui s'avançait vers nous, vêtue à la manière des riches fermières du pays, — voici *l'Héritière de Caudebec*, parée comme le jour où, son bouquet de fiancée à la main, elle attendait chez dame Allain le moment où Dieu allait bénir notre union. C'est aujourd'hui l'anniversaire de ce jour ; et chaque année elle se plaît à revêtir, ce jour-là, le simple costume sous lequel elle a voulu se marier, pour rendre un dernier et touchant hommage à la mémoire de Marie-Jeanne.

Sans doute, ajouta-t-il, Jeanne-Marie s'est inquiétée de ce que ma course du matin se prolongeait plus tard que de coutume. Venez, je vais vous présenter à elle.

Je vis la plus ravissante jeune femme que l'on puisse imaginer. Mais sa beauté n'était rien auprès de sa grâce touchante et de la bonté de son cœur.

Je garderai longtemps le souvenir des quelques jours que je passai auprès du vicomte de Lussanges et de sa jeune épouse, dans l'ancienne métairie de Jean-Pierre et de Marie-Jeanne.

Que Dieu leur donne tout le bonheur qu'on peut goûter ici-bas !...

Après avoir quitté le vicomte de Lussange et Jeanne-Marie, je continuai mon voyage.

De Caudebec, je descendis le cours de la Seine jusqu'au Havre. Quels magnifiques panoramas se déroulent aux regards ! Comme ces rives sont belles ! Que de richesses elles présentent ! Quelle vie ! Quelle animation !... Tout à coup les rivages s'écartent ; au lieu de cette ceinture de collines verdoyantes qui suit le cours sinueux du fleuve, l'œil aperçoit, dans un horizon lointain, comme un immense rideau : c'est le ciel, c'est la mer qui marient leurs teintes harmonieuses. Bientôt nous entrons dans la Manche. Longeant les côtes à une certaine distance, nous laissons Honfleur sur notre gauche et nous apercevons le Havre, dominé par le cap de la Hève, et par le coteau d'Ingouville qui s'élève en amphithéâtre au-dessus de la ville.

Le Havre est un de nos principaux ports de commerce. Ce port est grand et peut contenir près de quatre cents navires ; il est formé de trois bassins et d'un avant-port.

C'est le centre de notre commerce avec les États du nord de l'Europe et avec l'Amérique.

La ville du Havre est toute moderne. Au quinzième siècle, il y avait, sur l'emplacement qu'elle occupe, deux tours dont les Anglais s'emparèrent sous Charles VII. François Ier jeta les premiers fondements de la ville ; il voulut lui donner son nom et l'appela *Franciscopolis*. Mais ce nom a été bien vite oublié. La baie du Havre était connue depuis longtemps des marins comme un lieu de refuge ; bien avant la fondation de la ville, ils y venaient prier dévotement Notre-Dame-de-Grâce, dans une antique chapelle que l'on voit encore aujourd'hui, et qui est située au sommet des rochers, dans un endroit qui domine la mer. La ville a pris le nom de ce pieux pèlerinage : on l'a appelée d'abord le Havre de Notre-Dame-de-Grâce, puis le Havre-de-Grâce, puis enfin le Havre. Ce dernier nom est tiré d'un vieux mot de la langue scandinave qui signifie *port*.

Du Havre, je revins directement à Rouen. Cette ville, l'ancienne capitale de la Normandie, est une de celles où l'on retrouve le plus de monuments et le plus de souvenirs. Elle a presque conservé sa physionomie d'autrefois, ses rues tortueuses et étroites et ses vieilles maisons à pignon, toutes noircies par le temps.

Parmi les monuments de Rouen, il faut citer d'abord l'église de Saint-Ouen, un des chefs-d'œuvre de l'art gothique, le plus complet peut-être que nous possédions en France. Rien ne saurait décrire l'impression que l'on ressent lorsqu'on pénètre dans ce vaste édifice, dont les voûtes, à peine supportées par de minces et hardis piliers, semblent se soutenir d'elles-mêmes. Quelque chose de plus que du respect, une certaine crainte, un sentiment de terreur indéfinissable s'emparent de l'âme. C'est bien là la maison de Dieu, digne de la grandeur et de la majesté du maître! Voilà bien l'art religieux dans son expression la plus pure et la plus vraie : on craint, on pense, on se recueille, on prie!

Après Saint-Ouen, la cathédrale paraît encore un magnifique monument; sa flèche s'élève dans les airs entre deux hautes tours, l'une appelée la tour Saint-Romain, l'autre la tour de Beurre. On voit, dans l'intérieur de l'église les tombeaux de Rollon, premier duc de Normandie, de Guillaume Longue-Épée, de Charles V, de Bedford, des seigneurs de Brézé et des cardinaux d'Amboise.

Il faudrait encore citer Saint-Maclou, Saint-Vincent, Saint-Gervais, le Palais de Justice et un grand nombre d'autres monuments justement célèbres par les richesses artistiques qu'ils renferment.

C'est à Rouen que fut fait le procès de Jeanne d'Arc ; c'est là que fut brûlée vive, sur une place où l'on voit aujourd'hui sa statue, cette valeureuse héroïne qui sauva la France, et qui expia, par une mort cruelle, son courage, ses succès glorieux et son dévouement sublime à son pays et à son roi.

Rouen rappelle encore le souvenir dès deux Corneille, de Fontenelle et de Boïeldieu.

Que de hauts faits elle a vus s'accomplir, que d'hommes célèbres elle a produits, cette antique terre de Normandie, si riche, si grande, si féconde ! Aucune gloire ne lui a manqué : les armes, les sciences, les lettres, les arts ont orné sa couronne de nombreux fleurons; et, encore aujourd'hui, elle compte plus d'un de ses enfants parmi nos illustrations contemporaines.

SOUVENIRS DE LA BRETAGNE.

NOTRE-DAME-DE-BATZ

Il est peu de pays aussi curieux et aussi intéressants à visiter que la Bretagne.

Au milieu de la civilisation moderne, la Bretagne a conservé ses croyances, son langage et ses costumes; ses mœurs sont encore à peu près ce qu'elles étaient autrefois.

Heureux peuple, qui aime et respecte encore ce qu'ont aimé et respecté ses pères !

La Bretagne est généralement un pays pauvre; mais

elle plaît aux regards et attire la curiosité par la variété de son paysage. A des plaines cultivées succèdent des landes sauvages, couvertes de hautes bruyères ; puis de grandes et sombres forêts ; et, au bout de tout cela, la mer, la mer bordée d'un côté par les hautes falaises, et qui, de l'autre, s'étend au delà des regards, se confond avec le ciel bleu et se perd avec lui dans un horizon sans fin.

Mais, ce que le voyageur trouve surtout en Bretagne, ce qui le dédommage amplement de ses peines et de ses fatigues, ce sont les traditions, les souvenirs historiques, les monuments qu'il rencontre à chaque pas. Ici les *dolmen*, ou pierres druidiques, lui parlent de la vieille race des Celtes, de sa religion cruelle, de sa bravoure farouche et indomptable ; là les ruines d'un vieux château lui rappellent ces longues guerres dont la Bretagne fut le théâtre ; et ces fiers ducs, les Alain, les Artus, les Jean de Montfort, et tant d'autres, dont le souvenir est vivant dans ce pays.

On y retrouve aussi les traces récentes de cette lutte malheureuse, mais héroïque, que la Bretagne soutint avec la Vendée pour la défense du trône et de la religion. *Dieu et le roi !...* A ce cri de guerre, la Bretagne donnait tous ses enfants. Ils s'en allaient !... Presque sans armes, mal vêtus, à peine nourris, ils résistaient à toutes les fatigues, affrontaient tous les dangers, et marchaient à la victoire ou à la mort avec le même courage.

Triste temps! malgré ses souvenirs de bravoure et d'héroïsme. Alors les enfants d'une même patrie se déchiraient entre eux, et faisaient couler vainement le sang qu'ils auraient pu verser utilement pour la défense du pays.

Hélas! la gloire, quelque grande qu'elle puisse être, n'a que de tristes images quand elle rappelle la guerre civile et ses cruels désastres!

Je venais de traverser la Touraine et l'Anjou lorsque j'entrai en Bretagne.

Je visitai d'abord Ancenis et son château, ancienne forteresse des ducs de Bretagne, dont les épaisses murailles ont résisté aux outrages du temps ; Oudon, avec sa vieille tour du temps des croisades ; Clisson, qui rappelle à la fois l'illustre connétable Olivier de Clisson, rival de Du Guesclin, et le héros des guerres de la Vendée, Henri de La Rochejacquelein.

De Clisson, j'arrivai à Nantes.

Cette ville s'appelait autrefois *Nantes la Brette*, c'est-à-dire *la Batailleuse*. C'est une des plus anciennes villes et la métropole de la vieille Armorique. Elle partageait avec

Rennes et Vannes l'honneur de servir de résidence aux
ducs de Bretagne. Brûlée quatre fois par les Normands,
elle fut délivrée de leur joug cruel par le célèbre Alain
Barbe-Torte, qui fonda le comté de Nantes, réuni plus tard
au duché de Bretagne. On voit encore à Nantes les ruines
du château d'Alain. On y voit aussi les *Salorges*, restes du
palais des ducs de Bretagne, de ce palais à la vue duquel
Henri IV s'écria lorsqu'il vint à Nantes rendre ce fameux
édit qui mit fin à la guerre civile et régla les droits des
protestants : — « Ventre-saint-gris !... les ducs de Bretagne
« n'étaient pas de petits compagnons. »

Mais, à l'exception de ses ruines et de quelques vieux
quartiers abandonnés à la population ouvrière, Nantes,
la ville des croisades et des batailles, qui rappelle nos
longues luttes avec l'Angleterre, la guerre terrible des
deux Jean de Montfort contre Charles de Blois, la belle
et spirituelle Anne de Bretagne, successivement épouse
de Charles VIII et de Louis XII, le duc de Mercœur
et la Ligue, les guerres du protestantisme enfin et le souvenir du bon Henri,—Nantes n'offre plus aujourd'hui que
l'image du commerce et de la paix : c'est une ville moderne et neuve, qui a remplacé la vieille ville.

De Nantes, je descendis la Loire jusqu'à Saint-Nazaire.
Je vis en passant Paimbœuf, port fort important où s'ar-

rêtent les gros navires, qui ne peuvent remonter le fleuve jusqu'à Nantes. Des gabares, petits bâtiments à rames et à voiles, reçoivent en détail le chargement de ces navires et le transportent dans le port de Nantes.

Saint-Nazaire marque la limite de l'embouchure de la Loire ; c'est un magnifique bassin, qui sert aux bâtiments de port de refuge.

Je débarquai dans cette ville.

Là commence la vraie Bretagne, la Bretagne du touriste, avec ses mœurs étranges, ses costumes pittoresques, ses sites sauvages, avec ses landes désertes et ses grèves hérissées d'écueils contre lesquels viennent se briser les vagues blanchies de l'Océan.

Je m'étais donné pour itinéraire de parcourir le littoral de la Bretagne à partir de Saint-Nazaire. Je marchais à pied, m'écartant peu des côtes, quelquefois trouvant un sentier au bord de la falaise et voyant la mer mugir à mes pieds, quelquefois m'enfonçant dans l'intérieur des terres et perdant de vue l'Océan pour le retrouver bientôt. Je voyageais souvent pendant de longues heures avant de rencontrer une habitation ; parfois, je risquais de m'égarer dans ces vastes solitudes ; mais je finissais toujours par apercevoir quelque pâtre faisant paître de maigres troupeaux le long des landes couvertes de bruyères, ou par me croiser, dans le sentier désert, avec un paysan breton qui s'empressait, en me voyant, de porter la main à son grand chapeau et ne manquait jamais de me souhaiter une heureuse route. Parfois j'en découvrais un à quelque distance, semblant suivre le même chemin que moi; je doublais alors le pas pour le rattraper et pour m'en faire un compagnon de voyage : il s'avançait, disant, pour abréger la route, quelque vieille et longue ballade. Sa voix plaintive et monotone se mariait au murmure du vent et au bruit des vagues de la mer.

. Je mis deux jours pour me rendre de Saint-Nazaire à Saint-Sébastien, et autant pour me rendre de cet endroit au Pouliguen. Je trouvai là un petit port creusé par la nature et qui sert d'abri à une population composée en partie de pêcheurs. Une belle plage, le long de laquelle s'étendent de nombreuses habitations, la vue de la mer encadrée à droite et à gauche par d'énormes rochers qui ferment l'entrée de ce petit bassin et le défendent contre les vents et la tempête, font du Pouliguen un des sites les plus pittoresques qui puissent s'offrir aux regards. On y rencontre des gens simples, bons et hospitaliers, travaillant sans cesse, vivant de peu et partageant volontiers leur pauvre abri et leurs modiques ressources. Je passai là huit jours. J'aurais voulu y demeurer plus longtemps encore !

J'ai gardé de mon séjour au Pouliguen des souvenirs qui ne s'effaceront jamais de ma mémoire.

Mon hôte était un vieux pêcheur, un des plus habiles de la côte. La chaumière qu'il habitait était à lui et il possédait une barque : c'était donc, en ce pays-là, un homme riche.

Il s'appelait Kéröel.

C'était un homme touchant à la vieillesse, mais ayant conservé toute la vigueur de l'âge mur ; son visage, bruni par le soleil et la fatigue, avait une mâle expression de fierté ; on lisait dans ses regards la franchise et l'honnêteté de son âme ; seulement, il y avait, sur sa physionomie, comme un nuage de tristesse.

C'est que l'histoire de Kéröel le pêcheur était une lamentable histoire !...

Il avait eu trois enfants, et une douce compagne qui avait vieilli avec lui, partageant sa vie et son travail. Il était heureux alors, et lorsqu'il partait pour la pêche, ou quand il revenait le soir, on entendait sa voix joyeuse dominant les cris des pêcheurs et le bruit des flots. Un jour il était parti, emmenant pour la première fois ses deux fils avec lui, pour les associer à ses travaux : la mère avait longtemps résisté au désir du père et à celui des enfants ; mais enfin elle avait dû céder. Ses fils n'étaient-ils pas destinés à devenir pêcheurs comme leur père? D'ailleurs ils avaient atteint l'âge où ils pouvaient aider utilement Kéröel et augmenter par leur travail l'aisance de la famille. Ils partirent donc, pendant que la pauvre mère, agenouillée sur la grève, au pied de la croix de pierre qui protége le rivage, pleurait et priait en les suivant du regard. Ce jour-là, il s'éleva une tempête comme on ne se rappelait pas en avoir vu depuis longtemps dans le pays. Kéröel lutta vainement contre les vagues furieuses ; une montagne d'eau assaillit sa barque et la renversa comme il faisait une dernière tentative pour rentrer dans le port du Pouliguen. Il chercha d'abord à sauver ses enfants ; puis, quand il vit que tous ses efforts étaient inutiles, il voulut mourir aussi ; mais la mer avait ce jour-là assez de victimes ; elle le poussa comme malgré lui jusqu'au rivage. Là on le recueillit demi-mort. Huit jours après, sa femme était morte de douleur de la perte de ses enfants, et il ne restait plus à Kéröel, de sa famille et de son bonheur, que sa fille, Yvonne.

Oh ! la mer ! la mer !... que de tristes histoires on raconte sur ses rivages !... Que de pauvres mères au cœur brisé ! Que de vieillards à qui l'Océan a pris ainsi, dans un de ses jours de fureur, leur unique soutien et leur dernière espérance !... Pauvres gens de la côte, malgré tous ces désastres qui se renouvellent sans cesse, ils n'en continuent pas moins leur vie accoutumée! Que deviendraient-ils sans cela? La mer, qui cause souvent leur malheur, n'est-elle pas leur unique ressource? Et si elle leur prend parfois leurs maris, leurs enfants, n'est-ce pas elle aussi qui fait vivre ceux qui demeurent?...

Et puis le paysan breton se console avec sa religion et avec sa foi : il ne murmure pas contre la Providence ; il courbe la tête sous la main de Dieu qui le frappe ; il prie... car il espère revoir dans un monde meilleur tous ceux qu'il a aimés et que la mort lui a ravis.

La fille de Kéröel était demeurée près de lui comme un ange consolateur. Quand je la vis, elle avait dix-huit ans. Grande, forte, d'une beauté mâle et régulière, elle me rappelait ces types féminins des anciennes races celtiques dont les poëtes et les artistes ont essayé de nous restituer les images. Des cheveux d'une couleur foncée, presque noirs, retombaient en longues tresses et encadraient l'ovale pur de son visage. Lorsque ses grands yeux bleus se fixaient avec amour sur son père, elle avait quelque chose de poétique et d'inspiré. Si je l'eusse rencontrée dans les hautes bruyères des landes, assise au pied d'un *dolmen*, j'eusse cru à l'apparition fantastique de quelque prêtresse des druides, revenant rêver, auprès des autels déserts de ses dieux, de ce temps où elle coupait le *gui sacré* avec *la faucille d'or.*

La vie entière d'Yvonne, c'était son père ; elle concentrait sur Kéröel toutes ses pensées et tout son cœur ; elle s'efforçait, par son amour, par ses tendres soins, par ses ingénieuses prévenances, de lui faire oublier ses douleurs, et de remplacer ceux que la mort lui avait si cruellement ravis.

Chaque fois que Kéröel partait pour la pêche, Yvonne l'accompagnait jusqu'à sa barque. Debout sur la grève, elle le suivait des yeux aussi longtemps qu'elle pouvait l'apercevoir ; et quand venait l'heure du retour, elle allait l'attendre au pied de la croix de pierre élevée à l'entrée du village ; là, elle priait Dieu jusqu'à ce que les barques des pêcheurs se montrassent à l'horizon, et qu'elle eût reconnu son père. Alors elle accourait joyeuse pour le recevoir.

Le lendemain de mon arrivée, je demandai à Kéröel de me laisser aller à la pêche avec lui.

Il refusa d'abord.

— L'un d'eux avait votre âge !... me dit-il avec un douloureux soupir. Restez !... vous avez un père et une mère qui pourraient mourir de douleur !... Nous autres, pauvres gens , nous n'avons pas d'autre moyen de vivre

que de nous exposer sans cesse à la mort !... Mais vous,
ce n'est pas votre métier. Restez !... Cette mer dont la surface est à peine ridée en ce moment, et dont les flots paisibles viennent se jouer si doucement sur la grève, cette
mer est parfois si terrible ! Elle a des fureurs si étranges
et si soudaines !... Vous partez le matin, l'espoir au cœur,
le sourire sur les lèvres ; la brise enfle votre voile et vous
pousse sur les flots qui s'ouvrent sans effort pour donner
passage à votre barque ; le ciel est pur, le soleil éclaire
l'horizon de ses rayons les plus joyeux... Tout à coup,
dans le lointain, apparaît un point noir ; il grossit peu à
peu et semble s'avancer sur vous ; les nuages cachent
l'azur du ciel, le vent s'élève avec violence, la vague
devient houleuse, les mouettes poussent des cris plaintifs :
c'est la tempête !... Alors, qui redira les heures d'angoisses
du pauvre pêcheur, ses craintes, ses luttes, son désespoir ?...
Seul, perdu au milieu de cette mer furieuse, qui joue avec
sa frêle barque comme le vent d'automne avec la feuille
des bois, tantôt s'élevant soudainement avec la vague,
tantôt retombant avec elle, il lutte d'abord courageusement contre la mort ; mais bientôt ses forces s'épuisent,
son courage s'affaiblit : alors il invoque Dieu et remet son
sort entre les mains de celui qui commande à la mer ;
tantôt il craint, tantôt il espère, et sa pensée se reporte

douloureusement vers ceux qu'il a laissés sur la grève et dont il est le seul soutien... Voilà notre vie ! Voilà nos luttes !... Heureux quand nous regagnons le rivage ! Plus heureux encore lorsque l'Océan ne nous a pas pris quelqu'un de ceux que nous aimons plus que l'existence, notre vieux père, nos frères ou nos enfants !

Et Kéröel, à ce douloureux souvenir, se prit à verser d'abondantes larmes.

Yvonne vint l'entourer de ses bras caressants et l'embrassa tendrement :

— Et moi ?... lui dit-elle.

— Oh ! toi, tu es un bon ange que Dieu a laissé près de moi pour adoucir l'amertume de ma vie et pour m'empêcher de me laisser aller au désespoir !... Si je pouvais encore être heureux, je le serais par toi, mon Yvonne chérie !... Mais, vois-tu, il n'y a plus de bonheur possible pour le pauvre Kéröel : il a dans le cœur trop de souvenirs et trop de larmes !

Alors, se levant brusquement, et comme honteux de sa faiblesse :

— J'ai cherché à vous détourner de votre dessein, me dit-il ; je n'en suis pas moins prêt à satisfaire vos désirs : seulement, s'il vous arrive malheur, je n'aurai rien à me reprocher et je vous aurai prévenu.

— Partons donc, lui répondis-je, et que Notre-Dame
nous protége !

J'aidai à Kéröel à transporter ses filets jusqu'à la barque, et nous partîmes.

C'était par une belle matinée ; le soleil, semblant sortir
de la mer, s'élevait à peine au-dessus des vagues et dardait
sur elles ses premiers rayons ; aucune agitation ne régnait
sur les flots : on eût dit un lac pur et tranquille.

Nous voguâmes ainsi vers la pleine mer.

Arrivés à une certaine distance des côtes, nous jetâmes
les filets.

En moins d'une heure, nous prîmes une grande quan-
tité de poissons de toutes les espèces.

— Vous me portez bonheur, me dit Kéröel. Le métier
serait bon si cela allait toujours comme aujourd'hui ; mais
il y a plus de mauvais jours que de bons : plus d'un
pêcheur passe souvent des journées entières sans prendre
autre chose que quelques misérables sardines. Pour moi,
je n'avais pas fait une semblable pêche depuis le jour...

— Allons ! lui dis-je, écartez ces tristes souvenirs ;
pensez à votre fille, à votre Yvonne si tendre, si bonne et
si dévouée !

— Vous avez raison, me répondit-il. Il en est tant sur
la terre qui demeurent seuls à la fin de leur vie, après

avoir vu se briser une à une toutes leurs affections!...
Moi, du moins, il me reste ma fille!...

Nous continuâmes à pêcher.

— C'est assez pour aujourd'hui, me dit Kéröel au bout
de quelques instants. Et, puisque nous avons encore
devant nous une journée presque entière, je vais en pro-
fiter pour vous montrer un peu les côtes. Nous irons jusqu'à Batz, où vous verrez les ruines d'une antique chapelle,
dédiée à Notre-Dame-de-Bon-Secours.

Nous ramâmes vigoureusement à tour de rôle, et nous
aperçûmes bientôt une tour en ruines et quelques maisons situées sur une colline qui dominait la mer, et dont
la pente, couverte de beaux arbres, s'étendait jusqu'au
bord du rivage, contrastant, par son aspect, avec les
rochers arides et les grèves désertes.

— C'est Batz, me dit Kéröel. Autrefois, d'après ce que
j'ai entendu raconter à mon père, on apercevait de la
pleine mer trois clochers qui s'élevaient dans la même
direction : celui de Saint-Goustan et ceux du Croisic et du
bourg de Batz. Ce dernier dépassait les deux autres, et sa
flèche aiguë semblait se perdre dans les nuages. Quand les
marins voyaient le clocher de Batz, ils interrompaient
leurs travaux et cessaient leurs cris ou leurs chants; puis
chacun portait la main à son front et faisait dévotement

le signe de la croix. C'est qu'il y avait là, à mi-côte et à quelque distance du rivage, une chapelle de Notre-Dame, renommée à plus de vingt lieues à la ronde. Elle était située non loin de l'église du bourg de Batz. On l'appelait *Notre-Dame-de-Batz.* C'était un célèbre pèlerinage ; on y venait de bien loin, les uns pour remercier Notre-Dame de les avoir sauvés à l'heure du danger, les autres pour la prier de les protéger et de veiller sur eux dans le long voyage qu'ils allaient entreprendre.

— Et cette chapelle vénérée, qu'est-elle devenue ?

— Elle a été détruite en partie, à l'époque de la révolution, par des hommes qui ne respectaient rien et qui n'avaient dans le cœur ni religion ni souvenirs.

En parlant ainsi, Kéröel avait conduit la barque près du rivage, dans un endroit qui formait comme une petite baie, à l'abri des grosses lames ; il releva ses larges braies, sauta dans l'eau et tirant la barque après lui, il l'amarra à une énorme pierre de la grève.

Je sautai à mon tour sur la rive, et tous deux nous gravîmes le coteau pour arriver aux ruines de la chapelle.

Nous marchions depuis quelques instants, lorsque j'aperçus des pierres éparses et des portions de murs encore debout.

— C'est ici, me dit Kéröel.

Nous fîmes encore quelques pas, et je distinguai bientôt, au milieu des ruines, un chêne énorme qui protégeait de son ombre séculaire une statue de Notre-Dame-de-Bon-Secours, placée sur des débris de pierre et abritée par une petite niche de bois ornée de fleurs et de guirlandes. La Vierge tenait l'Enfant Jésus dans l'un de ses bras ; de l'autre elle indiquait le ciel, comme pour montrer que c'est là que nous devons élever nos regards dans tous nos périls et dans toutes nos peines.

Devant la statue de Notre-Dame étaient deux enfants bretons, le frère et la sœur sans doute. Agenouillée et les mains jointes, la jeune fille priait avec ferveur. Debout et son chapeau à la main, le jeune garçon priait aussi ; et tous deux regardaient la madone avec le même amour, avec la même foi que si la Vierge elle-même était descendue des cieux, son enfant béni dans les bras, pour écouter leur pieuse et fervente prière.

Qu'ils étaient beaux ainsi, ces deux pauvres enfants de la Bretagne !

Pendant que je les regardais, Kéröel s'était agenouillé derrière eux, à quelque distance ; il roulait dévotement dans ses doigts les grains d'un chapelet. Je fléchis les genoux à mon tour et je priai.

Cependant les deux enfants avaient achevé leur prière ;

la jeune fille prit dans un panier qu'elle avait déposé auprès d'elle deux énormes bouquets de fleurs ; puis le frère et la sœur placèrent chacun un de ces bouquets aux pieds de la Vierge. Alors ils nous aperçurent en se retournant ; ils demeurèrent tout troublés, et leur visage se colora d'une subite rougeur.

— Bonjour Yves, bonjour Mariannic ! dit Kéröel.

— Bonjour Kéröel ! répondirent tour à tour les deux enfants d'une voix un peu tremblante.

— Ah çà, mes enfants, vous avez l'air d'avoir peur de nous ?

— Dame ! c'est que... balbutia la jeune fille en me regardant.

Le reste de ses paroles demeura dans son gosier sans pouvoir en sortir.

— C'est moi qui vous fais peur, ma belle enfant ? lui dis-je.

— Nous croyions que personne ne nous regardait, dit le jeune garçon.

— Eh bien ! mes enfants, reprit Kéröel, quand on vous aurait regardés ? on aurait vu que vous êtes de braves enfants, de vrais petits Bretons, qui ne passez jamais devant une église sans vous signer dévotement, ni devant Notre-Dame sans faire une courte prière.

— C'est que, dit le jeune garçon, qui s'était enhardi peu à peu, nous avons bien à remercier la bonne Vierge : hier, il y a eu du gros temps, et deux pêcheurs de Batz ne sont pas revenus... mais notre père a été sauvé !

—Ah ! tant mieux ! il y a longtemps que je le rencontre sur la mer ce brave Jennic ; lui et moi nous avons été épargnés jusqu'à ce jour ; tandis que tant d'autres...

— Adieu, Kéröel, dirent les deux enfants ; nous sommes pressés de rentrer : notre mère nous attend.

— Adieu, mes enfants !

— Adieu, mes petits amis ! leur dis-je à mon tour. Soyez toujours bons et pieux : le bon Dieu vous bénira, et Notre-Dame vous conservera votre père.

Nous nous étions assis, Kéröel et moi, auprès des ruines, après le départ des petits Bretons. J'aperçus, à quelques pas, deux statues mutilées et comme les restes d'un tombeau. Je les montrai à Kéröel.

— Ce sont, me dit-il, les images de ceux qui ont fondé cette chapelle. Il y a là-dessus, dans le pays, une histoire que j'ai entendu raconter bien souvent dans les veillées d'hiver.

— Une histoire !... voulez-vous me la dire ?

— Oui, je vous la dirai, tant bien que mal.

Vous saurez donc qu'il y a bien longtemps, bien longtemps, à une époque où nous étions en guerre avec nos voisins les Anglais, il y avait deux princes très-puissants qui se battaient l'un contre l'autre, parce qu'ils voulaient régner tous les deux sur la Bretagne.

— C'est bien cela. C'étaient les ducs Jean de Montfort. et Charles de Blois ; le premier soutenu par les Anglais, et le second par la France.

— Dame ! vous savez tout cela, vous ! Mais moi, je suis un pauvre pêcheur, bien ignorant, et qui ne sait même pas lire dans un livre de prières.

En ce temps-là donc, la chapelle dont vous voyez les ruines n'existait pas encore. En cet endroit, il y avait, comme aujourd'hui, un vieux chêne qui protégeait de son ombre une statue de Notre-Dame-de-Bon-Secours.

Cette statue de Notre-Dame était placée sur un grand navire de bois ; un vrai vaisseau avec de vrais mâts, de vrais cordages, de vrais canons, et même avec un équipage de petits matelots groupés comme des fourmis autour des pieds de la bonne Vierge. Ce navire, voyez-vous, cela voulait dire que Notre-Dame aime les marins : ils sont brusques, querelleurs et ne manquent pas de toutes sortes de défauts ; mais ils ont la foi, et ils n'oublient jamais les prières que leurs mères leur ont apprises. Or, celui qui craint Dieu, respecte la religion et se souvient de sa mère, n'est jamais un méchant homme.

Les deux princes se disputaient donc la terre de Bretagne. On se battait de pays à pays, de village à village, et de vrais frères se déchiraient entre eux comme des bêtes féroces.

Or, il advint qu'après plusieurs batailles, dans lesquelles il y eut plus d'hommes tués qu'il n'en peut naître en dix ans, un des deux princes fut obligé de fuir et de se réfugier chez nos voisins de la grande île. Ceux qui avaient pris parti pour lui luttèrent pendant quelque temps encore; mais ils durent momentanément se soumettre au vainqueur et attendre une occasion favorable pour reprendre les armes.

Parmi ces derniers se trouvait un riche seigneur dont les domaines étaient situés à peu de distance du bourg de Batz. On voit encore les ruines d'une petite tourelle qui dépendait, dit-on, de son château. Si j'ai bonne mémoire, on l'appelait le seigneur de Rieux. C'était un brave guerrier, qui avait combattu toute sa vie avec honneur et gloire. Mais il était devenu vieux; son front, ombragé de cheveux blancs, ne pouvait plus porter le casque, et son épée était devenue trop lourde pour son bras affaibli. Cependant on l'avait vu, à la dernière bataille, combattre vaillamment jusqu'au dernier instant et exposer sa vie pour protéger la fuite de son prince. Il était tombé au pouvoir des ennemis ; mais le vainqueur, respectant son courage, lui avait permis de se retirer librement dans son château.

Le seigneur de Rieux avait un fils âgé de vingt ans. Celui-ci, après avoir combattu bravement, était parvenu à s'échapper et à rejoindre son père.

— Mon fils, lui dit le seigneur de Rieux, lorsqu'ils se furent reposés pendant quelques jours de leurs fatigues, et qu'ils eurent goûté le plaisir de se trouver réunis après tant de dangers, — notre prince est sur une terre étrangère ; il est malheureux, et il a besoin d'être entouré de ses amis les plus dévoués. J'ai engagé ma parole de ne plus prendre part à la guerre ; je suis trop vieux maintenant, d'ailleurs, pour le servir utilement. Mais toi, tu es jeune, actif ; aucun serment n'enchaîne ta liberté. Va donc, mon fils ; rends-toi en Angleterre, et cours, en fidèle serviteur, offrir ton bras au prince qui a comblé notre maison de tant de bienfaits.

— J'irai, mon père, je vous obéirai, répondit le jeune homme.

Olivier — c'était, je crois, son nom — monta le lendemain dans une barque de pêcheur, qui devait le conduire en Angleterre à travers mille dangers.

Le seigneur de Rieux s'était contenu jusqu'au départ de son fils; mais quand il le vit s'éloigner, il ne put réprimer plus longtemps sa douleur et donna un libre cours à ses larmes; puis il s'assit tristement sur la plage, regardant la barque qui emportait au loin son enfant.

La mer était, ce jour-là, houleuse et agitée; le ciel était sombre. Le patron de la barque avait dit qu'il serait plus prudent de remettre le voyage à un autre jour. Mais Olivier avait voulu partir.

Déjà la barque apparaissait à peine à l'horizon... lorsque, tout à coup, le ciel se couvre de nuages menaçants, un vent violent s'élève, les vagues grossissent, s'amoncellent et se heurtent furieuses; puis de terribles roulements se font entendre, l'éclair sillonne la nue, la foudre éclate de toutes parts...

C'est en vain qu'Olivier et les deux marins qui l'accompagnent essayent de lutter contre la tempête : les flots soulèvent la frêle barque et la roulent avec eux d'abîme en abîme.

Le seigneur de Rieux était toujours sur la plage; il avait vu venir la tempête, et il attendait dans une terrible anxiété. Ses regards suivaient de loin la barque; tantôt il la voyait disparaître dans les flots, tantôt il la voyait se relever avec eux, emportée jusqu'au sommet d'une montagne de vagues. Une dernière fois la barque redescendit et ne reparut pas...

Le malheureux père attendit longtemps... Ce fut en vain !

— Mon fils !..... s'écria-t-il.

Et il tomba inanimé sur la grève.

Cependant Olivier, au moment où la barque s'abîmait dans la mer, s'était souvenu de Notre-Dame-de-Batz, et il avait fait vœu, s'il échappait à la mort, d'élever, à côté de de l'arbre vénéré, une chapelle dédiée à la Vierge protectrice des marins. Notre-Dame entendit sa prière et son vœu. A l'aide d'un débris de planche, il se soutint sur les flots, et parvint à s'approcher de la côte. Les vagues le rejetèrent sur la plage, épuisé et meurtri.

Le premier objet qui frappa ses regards fut le corps de son père, étendu sur le sol et ne donnant plus aucun signe de vie.

Alors une pensée soudaine l'inspire : oubliant la fatigue qui brise ses membres, il saisit le corps de son père et le charge sur ses épaules; puis, faisant un effort désespéré, il porte ce précieux fardeau jusqu'à l'endroit où nous nous trouvons maintenant, et le dépose aux pieds de la statue de Notre-Dame.

— Vierge sainte, s'écrie-t-il en tombant à genoux, je vous ai promis de vous élever une chapelle en ce lieu si vous sauviez mes jours; je vous fais un autre vœu, celui de consacrer ma vie au salut des pauvres naufragés si vous me rendez mon père !

A peine a-t-il prononcé ces paroles, que le vieillard ouvre les yeux... C'est entre les bras de son enfant qu'il revient à l'existence.

On dit que lorsque la chapelle fut bâtie, le seigneur de Rieux et son fils vinrent finir leurs jours dans un petit ermitage qui y attenait, après avoir vendu tous leurs biens et en avoir donné le produit aux pauvres. Ils vécurent ainsi, vénérés dans tout le pays à cause de leur piété et de leurs bonnes œuvres. Chaque fois que la tempête s'élevait, on les voyait courir au rivage et chercher du regard s'il n'y avait pas sur la mer quelque barque en péril, quelque infortuné à secourir.

Le père mourut après une longue vieillesse. Olivier lui survécut longtemps. On dit qu'un jour il fut entraîné dans l'abîme en voulant sauver un matelot qui allait périr. La mer rejeta son corps sur un écueil qui se trouve non loin de cette plage. Depuis ce temps, cet écueil s'est appelé le *Rocher de l'Ermite.*

On réunit, dans un même tombeau, le corps d'Olivier et celui du seigneur de Rieux. Les deux statues dont vous voyez les débris les représentaient couchés sur la pierre et dormant de ce long sommeil qu'on appelle la mort, en attendant l'heure du jugement.

Ainsi parla Kéröel.

Je me mis à parcourir les ruines. Je regardais le sol, où l'herbe et la ronce se faisaient jour à travers les dalles brisées; j'examinais ces vieux murs, dont quelques parties étaient encore debout et semblaient avoir bravé les efforts du temps et lassé la main des dévastateurs. De son abri de feuillage, Notre-Dame-de-Bon-Secours semblait veiller encore sur son ancienne demeure.

— Sans doute, me disais-je, un jour viendra où une main pieuse rassemblera ces débris et reconstruira l'antique chapelle. Alors, comme autrefois, les marins se presseront dans son enceinte, de simples et touchants *ex-voto* se suspendront aux voûtes du temple, et des chants de reconnaissance et d'amour salueront de nouveau Notre-Dame-de-Batz, la patronne des pêcheurs, la protectrice des pauvres naufragés.

Je fus tiré de mes réflexions par la voix de Kéröel.

— Le soleil redescend sur l'horizon, me dit-il; maintenant que nous nous sommes un peu reposés, il est temps de nous remettre en route, si nous voulons arriver avant la nuit.

Nous regagnâmes la barque et nous partîmes. Un vent

favorable enflait notre voile ; en moins d'une heure, nous fûmes en vue de la plage du Pouliguen.

Nous passâmes non loin d'une masse énorme de rochers, qui semblait comme l'entrée d'un gouffre immense au fond duquel les flots semblaient se perdre avec de sourds grondements.

— C'est la *Grotte des Fées,* me dit Kéröel ; on prétend qu'elle s'étend bien loin, bien loin, jusque auprès du Croisic, où elle a une autre entrée dans la mer. Bien des gens autrefois ont voulu y pénétrer, mais on assure qu'aucun d'eux n'est ressorti de la caverne. Le soir, en passant dans ces parages, on entend comme des voix de femmes chantant en chœur des refrains que nul ne connaît ; et, de la plage, on distingue parfois, la nuit, des formes blanches qui dansent au sommet des vagues.

En ce moment nous abordions au Pouliguen.

Yvonne attendait son père ; elle se précipita dans ses bras. On voyait sur son beau visage les traces des larmes qu'elle avait répandues : ce jour-là, de tous les pêcheurs de la côte, Kéröel rentrait le dernier !

Je restai quelques jours encore au Pouliguen ; puis je quittai Yvonne et Kéröel, le cœur serré, le regard humide, comme lorsqu'on laisse derrière soi des amis que l'on ne doit plus revoir.

Que Dieu et Notre-Dame-de-Bon-Secours protégent le pêcheur et sa fille !

Je me rendais par terre au Croisic. Mon chemin était de passer par Batz. Je trouvai là un gros bourg et une population qui me sembla toute différente de celles que j'avais rencontrées jusque-là sur la terre de Bretagne. C'étaient d'autres mœurs, un autre langage, des costumes nouveaux pour moi ; je remarquai surtout la haute stature des hommes et des femmes.

Comme je passais devant l'église du bourg, un prêtre en sortait. C'était un beau vieillard, droit et robuste encore malgré ses cheveux blancs ; un air de douceur et d'ineffable bonté était répandu sur ses traits et appelait la confiance et le respect. Je me découvris à sa vue.

— Vous êtes étranger ? me dit-il.

Je lui parlai en peu de mots de mon voyage en Bretagne, de ce que j'avais vu et de ce que je comptais voir encore. Puis je lui fis part de mon étonnement à l'aspect des habitants de Batz.

— C'est en effet, me dit-il, une race bien différente de la race bretonne. Au temps de la domination romaine, l'empereur Julien, ne pouvant réussir à soumettre une certaine nation de la Germanie, en dissémina les habitants dans plusieurs contrées de la Gaule. Vous voyez ici les descendants de ces anciens Germains; ils ont conservé quelque chose de leur race, leur force, leur haute taille; leur langage même, leurs mœurs et leur costume attestent encore leur origine.

Je remerciai le bon prêtre de ses explications; et j'allais m'éloigner.

— Restez un jour ici, me dit-il : il y a de quoi satisfaire votre curiosité de voyageur. Voulez-vous accepter, jusqu'à demain, l'hospitalité du pauvre recteur de Batz? Je vous servirai de guide. Je vous montrerai les ruines de la chapelle de Notre-Dame, et d'autres choses encore, dont je vous réserve la surprise.

J'acceptai l'offre du bon vieillard. Quelques instants après, j'étais dans sa demeure, et nous dejeunions, causant intimement comme des gens qui se connaissent de longue date.

— J'ai déjà visité, dis-je au recteur, les ruines de Notre-Dame-de-Batz.

Et je lui racontai mon voyage avec Keröel, sans omettre le récit du pêcheur.

— Kéröel, reprit le bon curé, vous a expliqué l'origine de cette chapelle suivant la légende du pays; mais cette légende naïve et pieuse diffère un peu de la vérité historique. Voici ce qu'il en est. Jean de Montfort, le fils de cet autre Jean de Montfort qui avait commencé la guerre de Bretagne, venait de reprendre la lutte contre Charles de Blois. Il était sur le point de livrer une grande bataille qui devait décider du succès de sa cause. La femme de Jean de Montfort, une princesse à la fois pleine de courage et de piété, fit vœu de bâtir une chapelle en cet endroit si son époux remportait la victoire. Vous savez ce qu'il advint de la bataille d'Auray : Charles de Blois fut tué, Du Guesclin fut fait prisonnier, et le vainqueur, Jean de Montfort, demeura maître du duché de Bretagne. Fidèle à son vœu, la princesse, sa femme, fit bâtir la chapelle de Notre-Dame-de-Batz, dans un endroit où il y avait déjà une statue de la Vierge, qui était en grande vénération dans le pays.

— A part la vérité historique, dis-je au recteur, j'aime mieux l'autre légende.

La journée s'écoula rapide avec ce prêtre vénérable, qui cachait beaucoup de science sous la plus grande modestie.

Le soir venu, le recteur me demanda si je voulais sortir avec lui.

— Où me conduisez-vous? lui dis-je après avoir dépassé les dernières maisons du village.

— Ayez un peu de patience.

Nous marchions depuis un quart d'heure, lorsque tout à coup je poussai un cri de surprise. Je venais d'apercevoir, à la clarté de la lune, comme un camp immense, avec ses lignes de tentes rangées symétriquement et séparées par des espaces égaux.

—C'est un spectacle singulier! m'écriai-je, et je ne m'explique pas ce que cela peut être.

— A moins que ce ne soit, dit le vieux prêtre en souriant, les légions romaines de Julien, revenant, après quinze siècles écoulés, veiller encore sur les Germains insoumis !...

— Voilà une légende qui a bien son côté poétique ; mais la réalité ?...

— Approchez-vous, et jugez par vous-même.

Je fis quelques pas de plus, et je me trouvai à côté d'une pyramide assez régulière, formée d'une matière blanchâtre.

— Devinez-vous maintenant ?

— Non, pas encore.

— N'avez-vous pas vu au Pouliguen ces canaux par lesquels on fait entrer l'eau de la mer, pour la répandre à volonté dans d'immenses bassins, creusés dans l'intérieur du pays, à peu de distance des côtes ?

— Oui, c'est ce qu'on nomme des *marais salants*. On m'a dit qu'il en existait aux environs du Pouliguen.

— Eh bien ! vous êtes au milieu des *salines* de Batz ; toutes ces petites pyramides sont des monticules de sel.

— Comment s'y prend-on pour recueillir le sel ?

— Je vais vous le dire. Les marais salants se composent d'un grand réservoir où l'eau est introduite pendant la haute mer, et d'une suite de canaux d'évaporation, qui se replient un certain nombre de fois sur eux-mêmes. L'eau est introduite dans ces canaux, au moyen d'une vanne ou écluse, aussitôt que la mer commence à baisser ; elle y laisse déposer les matières étrangères qu'elle contient et commence à s'échauffer. On la fait passer ensuite dans d'autres canaux très-peu profonds, nommés *couches*, puis dans une longue rigole, puis enfin dans un dernier bassin. L'eau s'est peu à peu évaporée sous l'action du soleil, et quand elle arrive à la fin de son long parcours, le sel remonte à la surface et il se forme une croûte que l'on casse et que l'on recueille. On en fait d'abord de petits tas ; puis on réunit tous ces tas en masses pyramidales, appelées *mulots*. Le sel continue à s'y égoutter et à se purifier de plus en plus jusqu'au moment de la vente.

Ces marais, ajouta le recteur, ont une étendue de plusieurs lieues. La fabrication du sel est une grande et précieuse industrie pour les habitants de ces pays. Ceux de Batz, en particulier, n'ont pas d'autre ressource.

Je remerciai le bon recteur de ses explications.

Le lendemain, je pris congé de lui, et je me mis en route pour le Croisic, emportant un souvenir de plus, celui d'un homme bon et pieux, savant et modeste à la fois, d'un de ces hommes enfin qui, pleins d'abnégation et de dévouement, se résignent au rôle le plus humble et passent leur vie à faire le bien, ignorés de tous... excepté de Dieu !

SOUVENIRS

DE

L'OISE ET DE LA SOMME

Par un beau jour de juin, le soleil dardait ses plus chauds et ses plus joyeux rayons sur les maisons de la grand'ville.

Seul, dans ma petite chambre mansardée, accoudé devant ma table de bois noir, toute chargée de livres et de papiers, j'avais l'air de travailler; mais, en réalité, je ne prêtais qu'une médiocre attention au cahier ouvert devant moi : depuis quelques instants, l'encre qui s'était séchée dans ma plume et une ligne restée inachevée au beau milieu d'une page témoignaient des distractions de mon esprit.

J'avais un examen à passer, un examen de Droit, chose sérieuse !... et j'avais promis à ma mère de venir lui annoncer une victoire dans un bref délai. Je m'étais donc mis courageusement au travail, en pensant à ma mère, avec la résolution de me séquestrer de tous mes amis et de vivre comme un reclus, sans autres compagnons que mes livres, jusqu'à ce que j'eusse rempli ma promesse.

Malheureusement, quand on a vingt ans et qu'on aime le grand air, la liberté, le mouvement, les voyages, une prison, quelque volontaire qu'elle soit, est toujours une prison. En voyant le soleil visiter ma chambrette, en entendant les cris joyeux des oiseaux qui tantôt se poursuivaient sur les toits, tantôt prenaient leur volée hardie jusqu'au plus haut des nuages, j'oubliai le Code civil et le Droit romain, et peu à peu mon imagination prit la poste et se mit à voyager de la plus belle façon.

Tout à coup des éclats de voix et des bruits de pas retentissant dans mon escalier ordinairement solitaire et silencieux, vinrent me rappeler brusquement à la réalité.

— Je vous dis qu'il n'y est pas ! criait d'en bas une voix que je reconnus pour celle de mon portier.

— Et moi, je vous dis qu'il y est, répondait une autre voix. D'ailleurs, nous le verrons bien nous-mêmes, si l'on ne nous répond pas.

— Au même instant, on frappa à ma porte.

Que résoudre ? que faire ? Je me rappelai mes serments. Prenant une résolution héroïque, j'allais donner raison à cet honnête portier, observateur si fidèle de sa consigne et gardien si vigilant du repos de ses locataires... Par malheur, celui qui frappait à ma porte, à coups redoublés, se nomma en même temps : c'était un de mes meilleurs amis ; je ne pus résister, et j'ouvris.

Au lieu d'un, ils étaient deux ; j'oserais même presque dire trois, en comptant un énorme chien de Terre-Neuve, qui s'en vint sans façon renouveler connaissance avec moi, et qui, appuyant ses deux pattes sur ma poitrine, faillit presque me renverser pour me témoigner sa joie de me revoir.

— Ah çà ! me dit Victor en me serrant la main, il faut donc maintenant, pour te voir, faire le siége de ta maison ?

— Je vous fais compliment de votre portier, mon cher, ajouta l'autre visiteur ; un peu plus, il se serait mis en travers de l'escalier pour nous barrer le passage.

— Ce pauvre père Grivet ! répondis-je, c'est un ancien soldat ; il ne connaît que sa consigne. D'ailleurs, ajoutai-je en riant, mon portier me veut du bien ; il s'intéresse à mes études, et il prétend que je dois travailler beaucoup mieux lorsque je suis seul.

Ceux qui venaient ainsi troubler ma solitude étaient Victor L..., un camarade de collége à peu près de mon âge, riche, aimant les voyages et se destinant aux lettres, réunissant deux qualités qui ne vont pas toujours de compagnie, la bonté et l'esprit ; l'autre, Raoul M..., jeune peintre, déjà connu par de nombreux succès, ayant au plus haut degré l'amour de son art, prenant la vie par le côté sérieux, et travaillant sans relâche avec la noble ambition d'inscrire son nom à côté de ceux des maîtres célèbres.

Je remarquai avec surprise qu'ils étaient en tenue de voyage : habillement de coutil, chapeau de paille à large bord ; l'un une petite valise à la main, l'autre tenant la précieuse boîte qui accompagne l'artiste dans toutes ses excursions.

— Eh bien ! me dit Victor, nous venons te chercher ?

— Impossible, mon cher, répondis-je avec un gros soupir : je travaille !... Tu comprends ! un examen à passer... Et où allez-vous ainsi ?

— Oh! tout près, à quelques lieues seulement. Raoul a besoin d'étudier quelques arbres pour un paysage qu'on lui a commandé, et nous nous rendons à Compiègne. Nous serons trois ou quatre jours absents. Viens-tu ?... La voiture part dans une heure.

— Venez, me dit Raoul ; nous ferons une joyeuse et agréable excursion.

J'hésitais encore.

— Allons ! ajouta Victor, tu travailleras un peu plus au retour, et tu regagneras bien vite le temps perdu.

Je cédai. J'écrivis une petite lettre à ma mère, lui promettant bien qu'après ces quelques jours de distraction, je me remettrais sérieusement au travail.

Une heure après, nous roulions sur la route de Compiègne.

Nous arrivâmes vers le soir au terme de notre voyage.

Le lendemain, dès la pointe du jour, nous étions sur pied pour visiter la ville et la forêt.

Compiègne a toutes les allures d'une bonne ville de province ; on s'y lève tard, on s'y couche tôt, et il faut quelque événement extraordinaire pour apercevoir le soir, passé neuf heures, de la lumière dans ses rues désertes.

En arrivant par le Pont-Neuf, beau pont de pierre de treize arches, bâti sous Louis XV, la ville se présente bien aux regards ; elle est située sur la rive gauche de l'Oise, moitié à mi-côte, moitié au sommet de la colline sur une vaste plaine qui joint la forêt. Les maisons sont assez bien bâties ; mais les rues sont généralement mal percées, excepté dans les environs du château.

Compiègne était, dans l'origine, une résidence de chasse des rois de la première et de la seconde race. Clotaire Ier vint y mourir. Charles le Chauve agrandit la ville, et l'appela, de son nom, *Carlopolis* ; il y fonda, dans l'ancien palais des rois de la première race, la célèbre abbaye de Saint-Corneille, dédiée à Notre-Dame, dans laquelle il installa cent chanoines. Il bâtit, de plus, un nouveau château et donna à la ville une grande importance. Malgré les bienfaits et le souvenir de ce roi, la ville, augmentée et embellie par lui, ne garda pas son nom. Le vieux nom de *Compendium*, qu'elle tenait des Romains, et dont on a fait Compiègne, a prévalu.

Après Charles le Chauve, Compiègne continua d'être une résidence royale fort en honneur. Eudes, comte de Paris, y fut proclamé roi ; Louis V y mourut et y fut enterré. Philippe-Auguste augmenta les priviléges de la ville, et saint Louis donna le palais de Charles le Chauve à des moines Jacobins pour en faire un couvent. Charles V fit construire un nouveau château.

Le château de Charles le Sage n'est pas celui que l'on voit aujourd'hui. Il tombait en ruines, démantelé dans les guerres contre l'Angleterre et dans les guerres de la Ligue ; Louis XV le fit raser, et fit élever sur son emplacement le magnifique palais que l'on voit encore aujourd'hui. Ce palais a été achevé par Louis XVI et embelli par Napoléon.

Nous commençâmes nos excursions par le château. Munis d'une permission qui nous en ouvrait les portes, nous pûmes le visiter à loisir. C'est, par son étendue et par l'importance de ses bâtiments, non moins que par la richesse de son architecture, une des résidences royales les plus importantes de France. On remarque surtout la façade du côté de la forêt, avec laquelle le château se relie par un jardin qui ne peut être mieux comparé qu'à celui des Tuileries. A l'intérieur les appartements sont vastes, commodes, richement décorés ; ils communiquent entre eux par une superbe galerie. La salle des gardes, par sa grandeur et la beauté de ses ornementations, mérite de fixer l'attention.

Le château de Compiègne rappelle le souvenir de Charles IV d'Espagne. C'est là que ce prince, dépossédé de son royaume, vint habiter en 1808. C'est là aussi que l'empereur Napoléon, après son divorce avec l'impératrice Joséphine, de bonne et touchante mémoire, vint attendre la nouvelle impératrice, la fille des césars d'Autriche, l'archiduchesse Marie-Louise. Ces murs ont gardé le souvenir du luxe et des fêtes qui signalèrent la venue de la jeune princesse ; elle y retrouva, jusque dans les moindres détails de l'ameublement, un appartement entièrement pareil à celui qu'elle occupait dans le palais de Schœnbrunn. On dit même qu'on improvisa, dans le jardin une longue tonnelle, semblable à celle où elle avait coutume de se promener chaque jour dans les jardins, de son père. Cette allée, ravagée par les armées alliées, a été replantée de nouveau ; elle existe encore aujourd'hui.

Du château nous redescendîmes dans la ville. L'Hôtel de ville, bâti par Louis XII, attira d'abord nos regards. C'est un curieux monument de l'art gothique. La tour du Beffroi ou de l'Horloge, formée d'une tour carrée avec un clocher principal et quatre clochetons, domine l'édifice. A chacun des côtés de la façade s'élève une petite tourelle octogone.

Dans la cour de l'Hôtel de ville, au-dessus d'une porte remarquable par l'élégance de son architecture, nous crûmes de loin apercevoir une inscription. Nous hâtâmes le pas, et, sur une plaque de marbre noir, nous lûmes ces mots écrits en lettres d'or : « *Parlez au....* »

Nous fûmes pris d'un tel accès de fou rire, que les murs du viel édifice retentirent de nos éclats bruyants. Un vieil employé, qui travaillait auprès d'une fenêtre du rez-de-chaussée, mit une paire de lunettes de plus pour nous mieux voir; deux ou trois têtes apparurent çà et là aux lucarnes; enfin le portier lui-même, étonné de ce bruit inaccoutumé, sortit tout effaré sur le seuil de la fameuse porte. A son aspect notre hilarité redoubla. Il était prudent de songer à la retraite ; c'est ce que nous fîmes prudemment.

En sortant de l'Hôtel de ville, nous nous rendîmes à l'église Saint-Corneille, non moins remarquable par son architecture que par les souvenirs qu'elle renferme. On y voit en effet plusieurs sépultures royales dont la révolution a laissé subsister quelques débris.

Nous étions en train d'examiner une de ces tombes, que je supposais, par un fragment d'inscription, être celle de Louis V, lorsqu'une espèce de bedeau, couvert d'une vaste houppelande noire et rouge, vint nous troubler dans nos recherches.

— Ces messieurs veulent-ils voir l'orgue? nous dit-il.

C'est qu'il n'y a pas beaucoup d'églises en France qui puissent se vanter d'en posséder *une* aussi *ancienne !*

— Bah ! Elle est donc bien *ancienne* votre orgue? répondis-je en adoptant l'orthographe de notre homme pour ne pas blesser sa susceptibilité ?

— Jugez-en vous-même, monsieur... C'est un célèbre pacha, nommé Mahomet, qui en fit présent, il y a bien longtemps, au roi Dagobert.

— Le même qui.... ?

— Oui, monsieur ; comme dit la chanson.

— C'était peut-être le bon saint Éloi qui jouait de cet orgue les jours de fête ?

— C'est bien possible... répondit monsieur le bedeau, en se rengorgeant dans un faux col dont les pointes lui menaçaient les deux yeux.

Puis il ajouta avec un certain air de suffisance :

— Je l'avais toujours pensé !...

Nous visitâmes l'orgue avec lui. C'est un instrument assez moderne, comme je pus m'en convaincre en l'essayant ; la devanture du buffet est seule d'une époque plus reculée et peut bien remonter à François Ier ; elle est en chêne richement sculpté, dans le style de la renaissance.

Nous remerciâmes notre cicérone de ses explications, et nous lui donnâmes à entendre qu'il n'existait pas, à notre avis, dans toute l'Europe, un bedeau aussi savant que lui. Il nous quitta fort satisfait. La pièce de monnaie que nous lui avions glissée dans la main y était peut-être pour quelque chose.

Nous rîmes beaucoup, lorsque nous fûmes hors de l'église, de l'histoire du bedeau, et de Mahomet envoyant un orgue à Dagobert.

— Du reste, mes amis, dis-je à mes deux compagnons, je me rappelle maintenant que ce fut dans cette église que fut placé le premier orgue qui ait été vu en France. J'ai lu dernièrement, dans le *Glossaire* de Ducange un article fort curieux à ce sujet.

— Fais-nous part de ta science, dit Victor.

— Volontiers. L'orgue avait été inventé en Orient dès les premiers siècles du christianisme. En l'an 757, le roi Pépin le Bref reçut de Constantinople un orgue, cadeau précieux de l'empereur Constantin Copronyme ; il le fit placer dans l'église Saint-Corneille, à Compiègne. Cet orgue, d'après ce qu'on présume et ce qu'on peut induire de plusieurs passages d'anciens manuscrits, était *hydraulique* ou à *vapeur*. L'eau était probablement mise en ébullition dans un réservoir placé sous les tuyaux, et chaque fois qu'on frappait une touche, on levait en même temps la soupape qui bouchait la partie inférieure du tuyau correspondant; or la vapeur, en s'échappant dans le tube de métal, produisait un son.

— Voilà j'espère, dit Raoul, une longue et savante explication.

— Et qu'on vienne dire après cela, ajouta Victor, que nous ne voyageons pas pour nous instruire !

Après l'église Saint-Corneille, nous visitâmes encore les ruines des anciens remparts.

Autrefois, au temps des guerres avec l'Angleterre, Compiègne était enceinte de fortes murailles flanquées de hautes tours et percées de sept portes. C'était le temps où le beau royaume de France s'en allait passer en des mains étrangères. Alors apparut Jeanne d'Arc, cette paysanne inspirée qui avait quitté sa houlette et ses habits de bergère pour revêtir le casque et l'armure. Elle arracha Charles VII à sa fatale oisiveté, ranima son courage, et électrisant ses troupes par l'exemple et la parole, elle refoula les Anglais, s'en vint planter l'oriflamme sous les murs d'Orléans, et fit sacrer le roi à Reims, après avoir conquis tout le pays qu'il avait fallu traverser. Cependant les Anglais, joints aux Bourguignons, étaient venus assiéger la ville de Compiègne ; Jeanne d'Arc se jeta dans la place. C'est là qu'elle fut trahie et livrée. Elle avait fait une sortie vigoureuse et repoussé l'ennemi jusque dans ses retranchements ; elle revenait triomphante : soudain, au moment où elle allait franchir la porte de la ville, la herse s'abaissa par trahison, et elle resta au pouvoir des Anglais. Ce fut le gouverneur, Guillaume de Flavy, qui, jaloux de la gloire de l'héroïne, donna ordre de relever le pont-levis et livra ainsi Jeanne d'Arc.

Honte à Guillaume de Flavy et à son infâme trahison !

Nous vîmes les vestiges de la tour de la porte du Vieux-Pont. C'est là que Jeanne fut prise. Cette porte existait encore, nous a-t-on dit, il y a quelques années.

Compiègne et ses monuments nous avaient pris un jour. Le lendemain nous dîmes adieu à la ville et nous nous dirigeâmes vers la forêt.

Auprès de la forêt s'étend une plaine immense, parfaitement unie et merveilleusement disposée pour un champ de manœuvres. Louis XIV, après des guerres sanglantes, au milieu des menaces de l'Europe, que la ligue d'Augsbourg devait bientôt réaliser, voulut montrer à ses ennemis de quelles ressources il pouvait encore disposer. Une nombreuse armée fut réunie dans ces plaines et on y établit un camp. Ce camp est célèbre par le luxe qu'on y déploya. Le maréchal de Boufflers en eut le commandement ; il s'y ruina pour donner des fêtes splendides. au roi et à toute la cour. La présence de Louis XIV, qui présida lui-même aux manœuvres, la réunion d'un grand nombre de personnages illustres et de presque toute la noblesse de France, firent de l'établissement du camp de Compiègne un des faits mémorables de ce règne. On y remarqua surtout les hommages dont le grand roi entoura la marquise de Maintenon : se tenant sans cesse à ses côtés, lui expliquant les mouvements des troupes, lui nommant les principaux capitaines de l'armée, il lui donna publiquement toutes les marques de la plus grande faveur, et sembla vouloir en faire, aux yeux de tous, la reine de ces fêtes magnifiques. Peu de temps après, il l'appelait à partager ses royales destinées.

C'est une étrange et bien singulière existence que celle de madame de Maintenon. Elle s'appela d'abord Françoise d'Aubigné. Son grand-père était Agrippa d'Aubigné, zélé calviniste, qui fut l'ami de Henri IV et l'un de ses plus dévoués partisans, et qui tomba ensuite dans une disgrâce complète pour avoir parlé à ce monarque avec une trop grande franchise. Françoise d'Aubigné naquit dans les prisons de Niort. Emmenée peu après en Amérique, elle en revint orpheline à l'âge de douze ans, dénuée de tout patrimoine. Une parente la recueillit; mais elle la traita avec tant de dureté, que Françoise d'Aubigné, pour sortir de cette pénible situation, se trouva heureuse de devenir la femme du poète Scarron. Celui-ci, du reste, vieux et infirme, l'épousa par générosité et dans le seul but de lui assurer une existence et de lui donner un protecteur. Devenue veuve, elle allait retomber dans la misère, quand elle obtint une pension de deux mille francs, comme veuve de Scarron. Un peu plus tard, Louis XIV, qui l'avait remarquée pour ses qualités et son instruction, la chargea d'élever les enfants de madame de Montespan. Cette première faveur la conduisit à la fortune la plus haute : le roi lui donna la terre de Maintenon, qu'il érigea pour elle en marquisat; dix ans plus tard, après la mort de la reine Marie-Thérèse d'Autriche, il s'unit par un mariage secret à Françoise d'Aubigné, marquise de Maintenon.

C'est à madame de Maintenon que l'on doit la fondation de la maison de Saint-Cyr, près Versailles. Se souvenant des malheurs de sa jeunesse, le premier usage qu'elle fit de sa puissance fut d'assurer le sort des jeunes personnes de qualité nées de parents pauvres. C'est pour cette institution que Racine composa les tragédies d'*Esther* et d'*Athalie*. Il ne se passait pas de semaine que madame de Maintenon ne visitât ses chères élèves; souvent elle prenait plaisir à les interroger elle-même; souvent même elle amenait le grand roi et toute la cour pour assister aux exercices des pensionnaires de Saint-Cyr. Après la mort de Louis XIV, la marquise se retira dans cette maison pour y finir ses jours, consacrant son revenu au soulagement des familles nobles, ruinées au service du roi, ne se réservant presque rien, se refusant souvent le nécessaire, et, comme l'a dit un historien, « généreuse pour les autres, avare pour elle-même. » Elle vécut dans la piété et le travail, au milieu de ses élèves, qu'elle appelait ses enfants. — « Voulez-vous abréger le temps? leur disait-elle quelquefois, partagez votre vie entre le travail et la prière. Que les journées sont courtes quand on travaille et quand on prie! » — La marquise de Maintenon mourut à l'âge de quatre-vingt-trois ans.

Mais revenons au camp de Compiègne.

Le roi d'Angleterre vint assister aux exercices et aux fêtes de ce camp, et l'on prétend qu'il resta saisi d'étonnement à la vue de ces troupes si nombreuses et si bien disciplinées, à la vue de cette belle noblesse, remplie de sentiments chevaleresques et si pleine d'enthousiasme pour la patrie et pour le roi, à la vue de cette cour illustrée par tant de personnages célèbres, par tant de femmes brillantes d'esprit, de grâce et de beauté, de cette cour sur laquelle semblait se refléter la majesté du grand roi.

A la suite des manœuvres, Louis XIV, dirigeant son

cheval du côté du maréchal de Boufflers, salua celui-ci du geste.

— Maréchal, je suis content de vous ! lui dit-il.

Ces simples paroles, tombées de la bouche de Louis XIV, en présence du roi d'Angleterre et de toute la cour, remplirent de joie et d'orgueil l'âme du maréchal de Boufflers : ce fut, pour l'illustre guerrier, vainqueur de Furnes et défenseur de Namur, la plus belle récompense de ses services, et, pour le gentilhomme qui venait d'engager jusqu'à son dernier domaine pour répondre dignement aux désirs de son roi, un ample dédommagement du sacrifice de sa fortune.

Depuis Louis XIV, cette même plaine a vu l'établissement de plusieurs camps ; mais aucun d'eux n'a laissé d'aussi brillants souvenirs.

Enfin, nous voici dans la forêt. Qu'elle est belle ! Comme ces arbres sont droits et vigoureux ! Comme toutes ces allées sont larges et bien percées !

La route par laquelle nous sommes entrés, et qui arrive à la forêt après avoir traversé Compiègne, rappelle de nombreux souvenirs : on la nomme la *Chaussée de Brunehaut*. C'est une voie romaine exécutée par Agrippa, sous l'empereur Auguste ; elle va de Compiègne à Senlis, en passant par Chelles et Néry. Son nom lui vient sans doute

de ce qu'elle fut réparée par la reine Brunehaut d'Aus-
trasie. Cette reine fit exécuter dans la Gaule de nombreux
travaux, établit de nouvelles routes, répara les anciennes ;
elle bâtit des églises, des couvents, des hôpitaux : à côté
des crimes nombreux que sa haine contre Frédégonde la
conduisit à commettre, elle fit de grandes choses et dota
la Gaule d'institutions utiles.

Raoul avait trouvé les arbres qu'il voulait dessiner ;
pendant qu'il travaillait avec ardeur, Victor et moi, étendus sur le revers d'un fossé, à l'ombre d'un gros chêne,
nous nous laissions aller à ces douces rêveries auxquelles la
belle et calme nature qui nous environnait disposait si
bien notre âme. Mais la rêverie conduit parfois au sommeil. C'est ce qui nous arriva.

Je ne sais depuis combien de temps nous dormions
ainsi, bercés par des songes heureux, lorsque tout à coup
nous fûmes reveillés par un bruit de voix.

— Monsieur, je vous dis que votre chien chasse, et je
vous dresse procès-verbal.

Ainsi parlait un vieux garde à notre ami Raoul.

— Mon chien était couché à côté de moi, répondit
celui-ci ; il se sera échappé sans que je m'en aperçusse.
Du reste, nous ne ressemblons guère à des chasseurs. Voyez

mon attirail : pour carnier, j'ai une boîte à couleurs ; pour seule arme offensive, mes pinceaux. Quant à mes deux amis, ils dorment bien tranquillement, sans songer au gibier de la forêt.

Au même instant Mylord arriva, tenant dans sa gueule un lapin. La tête et la moitié du corps du pauvre animal avaient déjà disparu dans le gosier du braconnier à quatre pattes.

Pour le coup, le délit était flagrant ; Mylord avait violé les lois de son pays, et nous étions responsables de ses méfaits.

Cependant nous parvînmes à apaiser le vieux garde ; même nous fîmes connaissance et nous devînmes bientôt bons amis. Il se proposa pour nous faire voir les plus beaux endroits de la forêt, et nous l'acceptâmes pour guide avec plaisir. Il est vrai que nous eûmes bientôt le secret de ses complaisances : dans sa petite maison, située au milieu des bois, il avait quelques chambres qu'il cédait volontiers pour un prix minime, et sa femme se chargeait au besoin d'empêcher les voyageurs de mourir de faim. Nous acceptâmes ses offres de services, et le soir, après une longue journée remplie de charmantes excursions, nous revînmes nous établir dans sa demeure, assez fatigués et encore plus affamés. Un certain petit lapereau eut les honneurs de notre festin. Était-ce toujours le même, celui que Mylord avait fait passer de vie à trépas? Le vieux garde nous l'affirma en souriant, et nous nous gardâmes bien de le contredire.

Qui sait? lui aussi avait peut-être un chien du nom de Mylord !

Le lendemain, nous partîmes dès l'aube du jour, pour aller visiter les ruines du château de Pierrefonds.

Après trois heures de marche, nous arrivâmes à l'extrémité orientale de la forêt, et nous aperçûmes le bourg de Pierrefonds, au-dessus duquel s'élèvent les ruines du château. Placées sur une éminence, elles sont de l'effet le plus pittoresque et le plus saisissant, dominent tout le paysage et lui donnent un aspect de grandeur qui frappe vivement l'imagination.

Nous avions à peine fait quelques pas, que Raoul avait choisi son point de vue et dessinait déjà les ruines.

Pendant ce temps-là, assis en face de ce vaste et magnifique panorama, nous causions, Victor et moi, échangeant quelques souvenirs historiques.

Le château de Pierrefonds est célèbre par la puissance des seigneurs qui le possédèrent. Élevé dans un endroit écarté et peu accessible, il servait comme de capitale à des domaines immenses qui s'étendaient depuis le Bourget, près de Paris, jusqu'en Picardie. Les maîtres de ces domaines, retirés dans cette forteresse inexpugnable, faisaient la loi à toute la contrée, pillaient tout ce qui se trouvait à leur portée, ou vendaient leur protection au poids de l'or. Ces déprédations cessèrent lorsque la seigneurie de Pierrefonds fut acquise par la couronne de France. Cette seigneurie fut donnée à Louis, duc d'Orléans. C'est ce prince qui, après avoir été nommé lieutenant général du royaume pendant la folie de Charles VI par la faveur de la reine Isabeau de Bavière, fut assassiné par Jean Sans-Peur, duc de Bourgogne, au milieu des rues de Paris, attentat qui excita une guerre à mort entre les familles d'Orléans et de Bourgogne, et donna naissance à la fameuse querelle des Armagnacs et des Bourguignons.

Ce Louis d'Orléans, trouvant le château de Pierrefonds vieux et délabré, l'abandonna à des moines, et fit construire un peu plus loin le château dont on voit aujourd'hui les ruines. Ce château était carré et couvrait un vaste espace ; il était flanqué de nombreuses tours et entouré de murs de plus de cent pieds d'élévation.

Au temps des guerres de la Ligue, le château de Pierrefonds, tombé au pouvoir des ligueurs, devint leur plus dangereux repaire. Un aventurier, du nom de Rieux, espèce de bandit qui détroussait les voyageurs sur les grandes routes quand il n'avait pas d'ennemis à combattre, prit le commandement du château, et se mit à piller et à saccager le pays, se moquant de l'autorité royale. Henri IV envoya successivement, pour le punir et pour le prendre, les ducs d'Épernon et de Biron ; mais ceux-ci furent obligés de se retirer après avoir inutilement canonné les murs de la forteresse. Cet échec des troupes royales augmenta encore l'insolence de Rieux. On raconte qu'il tenta de surprendre le roi et de l'enlever : un jour qu'Henri IV s'était aventuré dans la forêt de Compiègne suivi d'un seul serviteur, il se porta avec sa troupe sur la route que le roi devait prendre ; mais Henri, averti par un bûcheron, rebroussa chemin et déjoua les desseins de Rieux. Cependant le duc de Nevers et François des Ursins, envoyés contre le château de Pierrefonds, furent plus heureux que leurs devanciers. Rieux fut pris dans une sortie, et pendu ; le château se rendit quelque temps après.

Sous Louis XIII, et pendant la guerre dite des *Mécontents*, un autre capitaine, nommé Villeneuve, gouverneur du château de Pierrefonds, renouvela les brigandages de Rieux ; mais il fut bientôt obligé de capituler. Louis XIII ordonna alors que ce château, qui avait si longtemps servi de retraite à la rébellion, fût mis hors d'état de défense ; les murs en étaient si solides et si épais qu'on parvint à grande peine à accomplir les ordres du roi.

Raoul avait achevé son dessin. Nous allâmes visiter les ruines. On peut encore juger de l'importance du château par ce qui reste des tours et des murailles et par l'espace énorme que couvrent leurs débris.

Après une halte dans les ruines, nous descendîmes au village par une route bordée de beaux jardins et d'élégantes habitations modernes.

Pierrefonds possède des eaux minérales qui attirent, chaque année, de nombreux baigneurs. Des sites magnifiques, de ravissantes promenades, un beau lac sur lequel navigue une flottille de petites embarcations, font de ce petit village un site enchanteur, où l'on trouve à la fois la santé et le plaisir.

La journée était assez avancée lorsque nous eûmes fini de visiter Pierrefonds ; nous résolûmes de retourner à Compiègne. Il était quatre heures du soir, et nous avions quatre lieues à faire à travers la forêt : nous devions donc arriver bien avant la chute du jour ; mais, chemin faisant, nous nous égarâmes un peu, de sorte qu'il était presque nuit close lorsque nous arrivâmes sur la place du château.

Une voiture allait partir—si l'on peut donner ce nom à une affreuse patache attelée de deux chevaux étiques. Le conducteur nous prit sans doute pour des voyageurs en retard, car il nous cria du plus loin qu'il nous aperçut :

— Hâtez-vous, messieurs! il y a encore trois places de coupé.

— Et où allez-vous? lui dis-je; à Paris, sans doute?

— Je vais à Ham.

— Est-ce bien loin? demanda Victor.

— Nous y serons demain matin de bonne heure.

— Allons! en route pour Ham! dirent en même temps Raoul et Victor.

Je fis quelques difficultés, mais je finis par me laisser entraîner. Nous montâmes donc dans le lourd véhicule. Bientôt un mouvement lent et monotone et le bruit des roues qui gémissaient en tournant sur l'essieu, nous avertirent que nous étions en marche. Après avoir causé quelques instants de nos impressions de la journée, nous ne tardâmes pas à nous endormir.

Quand nous nous éveillâmes, il était grand jour et nous étions en vue de Ham.

La ville de Ham est située sur la rive gauche de la Somme et sur le canal du même nom, au milieu de vastes plaines. C'est une ancienne ville, autrefois la capitale d'un petit pays nommé *le Hamois*. Elle a marqué dans les différentes guerres dont la Picardie fut le théâtre, principalement dans celles contre les Espagnols et dans les guerres de la Ligue. Elle était autrefois fortifiée ; Louis XIV en fit détruire les fortifications et ne conserva que le château.

Le château a été reconstruit, dans la dernière partie du quinzième siècle, par Louis de Luxembourg, comte de Saint-Pol. Le comte de Saint-Pol s'était attaché au parti de Louis XI, lorsque celui-ci, n'étant encore que dauphin, excitait contre son père la révolte connue sous le nom de *la Praguerie*. Après que Louis XI eut succédé à Charles VII, Saint-Pol entra, contre le roi, dans la *Ligue du bien public*. Louis XI, pour le ramener dans son parti, lui donna l'épée de connétable ; mais le comte de Saint-Pol ne cessa d'entretenir des relations avec les ennemis du roi, et principalement avec les Anglais et le duc de Bourgogne : livré à Louis XI par Charles le Téméraire, il fut condamné à mort par le parlement, et eut la tête tranchée.

Nous nous acheminâmes vers le château, qui est, avec les ruines des fortifications, la seule chose curieuse que la ville de Ham puisse offrir au voyageur.

Le château de Ham est le même aujourd'hui qu'au temps du connétable de Saint-Pol ; c'est une citadelle carrée, flanquée, à ses angles, de quatre tours rondes liées ensemble par des remparts. La principale de ces tours a trente-trois mètres d'élévation et autant de diamètre ; elle porte encore le nom de *Tour du Connétable*. Sur la porte, le comte de Saint-Pol avait fait graver ces deux mots : « *Mon mieux* », pour exprimer sans doute que cette tour était son refuge le meilleur et le plus sûr, s'il venait à être poursuivi. Près de quatre siècles se sont écoulés, et on peut lire encore aujourd'hui cette inscription.

Une porte protégée par une forte tour carrée donne accès dans la citadelle. On entre dans une vaste cour où s'élèvent deux constructions en briques, qui servent de casernes. A l'extrémité de l'une de ces casernes est situé un bâtiment peu élevé, adossé au rempart : c'est la prison d'État. Ses murs froids et humides, où l'air et la lumière arrivent à peine et où le soleil ne pénètre pas, ont vu d'illustres captifs : c'est là que furent détenus les ministres de Charles X, après la révolution de juillet 1830 ; c'est là aussi que fut enfermé, pendant près de six ans, le fils de la reine Hortense, le prince Louis-Napoléon, aujourd'hui empereur des Français.

Lorsque nous visitâmes le château, l'évasion du prince remontait à quelques mois. Nous demandâmes vainement à visiter l'appartement qu'il occupait dans la prison d'État ; on nous fit comprendre que c'était déjà beaucoup de nous avoir laissé franchir le seuil de la citadelle. Il est vrai qu'à cette époque elle ne contenait aucun prisonnier.

On parlait encore dans la ville de la fuite du prince. Le maître de l'auberge où nous nous étions arrêtés en revenant du château nous la raconta dans tous ses détails. Cette évasion extraordinaire, préparée par le dévouement du général Montholon et du docteur Conneau, s'accomplit de la manière la plus heureuse et la plus inespérée. On réparait alors les escaliers et les corridors du bâtiment occupé par le prince. Celui-ci, vêtu comme un ouvrier, la tête couverte d'une perruque à longs cheveux noirs et d'une mauvaise casquette, et portant une planche sur son épaule, sortit de sa prison, traversa la cour pleine de soldats, passa à côté de l'officier de garde et du portier-consigne, et vit enfin la grille de la citadelle s'ouvrir devant lui. Il était libre!... A l'aide d'un plan préparé par le docteur Conneau, il se dirigea dans la ville et gagna la route de Saint-Quentin. Là, il ne tarda pas à voir arriver son fidèle Thélin, qui lui amenait un cabriolet. De Ham, le prince gagna Saint-Quentin, puis Cambrai, et enfin Valenciennes, où il prit le chemin de fer, qui le conduisit à Bruxelles. Dans son rapide voyage, il avait couru de grands dangers; il eut le bonheur de n'être reconnu que par des gens dévoués à sa personne et à sa famille. Les ordres de le poursuivre et de l'arrêter arrivèrent trop tard : le docteur Conneau, en interdisant au gouver-

neur du château l'entrée des appartements du prince,
sous le prétexte que celui-ci était malade, avait donné à
Louis-Napoléon le temps de fuir et de se mettre hors de
la portée de ses ennemis.

Notre hôtelier nous donna tous ces détails; puis il ajouta
en terminant :

— Tenez, messieurs, j'étais là, sur le pas de ma porte;
je venais d'ouvrir mes volets et je fumais tranquillement
ma pipe en attendant la pratique, lorsque je vois un ouvrier qui allait passer devant moi. Je le reconnais malgré
son déguisement : c'est lui... c'est le prince!... Mon cœur
battait à rompre ma poitrine. Car, voyez-vous, je suis un
vieux de la vieille; j'ai servi sous l'ancien, et j'avais trop
de fois exposé ma vie pour l'oncle pour ne pas être prêt à
la sacrifier encore pour le neveu. Mais je compris qu'il fallait se taire. Seulement, quand il passa tout à côté de moi,
je lui dis à voix basse, en me découvrant devant lui :
« Dieu vous garde!... Et vive l'empereur!...» Puis, tirant
ma porte, je le suivis de loin jusqu'à ce que je l'eusse vu
sortir de la ville.

En nous parlant ainsi, le brave homme avait les larmes
aux yeux, et sa voix était émue et tremblante.

Nous le remerciâmes de son récit, et nous nous mîmes
à table pour déjeuner. Vers la fin du repas, nous tînmes

conseil. Raoul et Victor étaient en belle passion de voyages ; ils ne parlaient de rien moins que de faire le tour de la Picardie.

— Nous irons de Ham à Péronne, disait Raoul ; de là nous gagnerons Doullens.

— C'est cela, ajoutait Victor ; de Doullens, nous irons visiter le champ de bataille de Crécy ; puis nous nous dirigerons vers le Crotoy et Saint-Valery, et nous reviendrons par Abbeville et Amiens.

— En continuant ainsi, leur dis-je, nous ferons facilement le tour du monde. Pour moi, je ne veux pas troubler vos plaisirs ; mais il faut que je retourne à Paris : vous le savez, j'ai promis à ma mère de n'être que huit jours absent, et je veux tenir ma parole.

Après une longue discussion, il fut convenu que mes amis me sacrifieraient une partie de leurs projets. De mon côté, je consentis à prolonger mon absence de quelques jours. Nous arrêtâmes que nous gagnerions Péronne et que de là nous retournerions vers Paris en passant par Amiens et par Beauvais.

Justement notre hôtelier allait à Péronne pour traiter quelques affaires. Nous lui demandâmes de nous emmener dans sa carriole ; il y consentit avec empressement.

Il était presque nuit lorsque nous arrivâmes à Péronne ;

et nous dûmes attendre au lendemain pour visiter la ville.

Péronne est située dans une contrée marécageuse, à l'endroit où la rivière de la Coulette se jette dans la Somme. C'est une ville ancienne et qui était autrefois la capitale d'un petit pays nommé le *Santerre;* elle est entourée de fortifications et de fossés remplis d'eau; elle compte au nombre des places de guerre.

Nous visitâmes rapidement l'hôtel de ville, qui est un assez bel édifice, et l'église paroissiale, curieux monument gothique, et nous nous hâtâmes de diriger nos pas vers le château. Ce château fort, dont la fondation remonte à une époque fort reculée et à peu près inconnue, est célèbre dans notre histoire : c'est là que Charles le Simple fut enfermé par Herbert, comte de Vermandois; c'est là aussi que Louis XI, venu pour traiter avec Charles le Téméraire, fut retenu prisonnier par ce prince et se vit contraint de signer le traité de Péronne, qui confirmait celui de Conflans et concédait au frère du roi la Champagne et la Brie; c'est là enfin que fut signé l'acte d'association de la Ligue par Henri III et le duc de Guise.

Péronne a été plusieurs fois assiégée; mais elle n'a jamais été prise, grâce à sa bonne position, à ses fortifications et aussi au courage de ses habitants. Dans le siége qu'elle eut à soutenir contre Henri de Nassau, prince d'Orange, les femmes elles-mêmes se joignirent à la garnison de la ville pour repousser les assaillants ; l'approche de l'armée française vint seconder l'héroïque défense des assiégés, et le général en chef de l'Union fut forcé de se retirer. Peu de temps après, comme la sœur de Charles-Quint, gouvernante des Pays-Bas, reprochait au prince d'Orange de n'avoir pu prendre *un colombier tel que Péronne :* — « *Un colombier*, répondit-il, mais dont les *pigeons* savent se défendre et ne s'envolent pas. »

Les environs de Péronne renferment des monuments druidiques ; nous en vîmes un fort curieux appelé *la Pierre fiche de Gargantua ;* c'est une énorme masse de grès, qui a plus de quatre mètres d'élévation, et telle, en effet, que Gargantua — ce héros de Rabelais, à qui un mouton ne faisait qu'une bouchée et dont un bœuf entier satisfaisait à peine l'appétit — aurait pu seul la soulever et la porter dans ce lieu.

De Péronne, nous nous fîmes conduire à Albert. Cette petite ville, située sur la pente d'une colline et traversée par un bras de la rivière d'Ancre, rappelle le souvenir de Concini. Cet homme, dont la chute fut aussi rapide que la faveur avait été inespérée, était Italien de naissance ; il vint en France avec Marie de Médicis, lorsque cette princesse devint l'épouse d'Henri IV. La femme de

Concini, Léonore de Galigaï, était femme de chambre et favorite de la reine; par son appui, Concini s'éleva peu à peu et parvint aux postes les plus éminents : il fut successivement gouverneur de la Normandie, maréchal de France et premier ministre du roi Louis XIII. La ville d'Albert s'appelait primitivement Ancre, du nom de la rivière qui la traverse; elle formait un marquisat dont Concini se rendit acquéreur : il prit, dès lors, le titre de maréchal d'Ancre. On sait comment Concini excita, autant par la rapidité de sa fortune que par son orgueil et ses dédains, la jalousie et la haine de tous les seigneurs de la cour; bientôt on en vint à arracher au jeune roi, qui subissait à regret la domination du premier ministre, l'ordre de l'arrêter et de le tuer en cas de résistance. Concini fut frappé à mort dans la cour du Louvre, et quelque temps après, sa femme fut jugée et condamnée à mort comme sorcière. Après la mort de Concini, la ville d'Ancre fut appelée Albert. C'était le nom du nouveau favori de Louis XIII, Albert de Luynes.

Nous vîmes, dans l'église d'Albert, une statue de la Vierge, d'une sculpture grossière et toute noircie par le temps, qui est l'objet d'un culte particulier; on l'appelle *Notre-Dame-Brebère*. Ce nom lui vient de ce qu'elle fut, dit-on, trouvée par des bergers dans un champ où ils gar-

daient leurs brebis. Chaque année on célèbre en grande
pompe la fête de Notre-Dame-Brebère : les bergers et les
bergères des environs se réunissent, et, précédés par des
joueurs d'instruments, parés de leurs habits de fête,
conduisant, par des guirlandes de fleurs, des brebis
ornées de fleurs et de rubans, ils arrivent en procession à
la statue de la Vierge et déposent devant elle des gâteaux
qui sont ensuite distribués aux pauvres. C'est une simple
et touchante coutume qui s'est conservée jusqu'à nous à
travers les révolutions et les siècles. Ces bergers, dans leur
foi pieuse, demandent à la bonne Vierge de les bénir et de
faire prospérer leurs troupeaux, et, après l'avoir fêtée par
leurs chants et leurs prières, ils s'en retournent chez eux,
le cœur plein d'espérance, mieux disposés à accepter leurs
rudes labeurs, plus forts contre les peines et les misères
de la vie.

Nous allâmes visiter, auprès de l'ancien fort d'Albert,
un souterrain qui attire l'attention des voyageurs. C'est
une grotte spacieuse, remplie de pétrifications de toutes
sortes. On prétend que, lors de la construction de la
ville, il existait là un marais plein d'arbustes, de roseaux et
de plantes ; ce marais aurait été comblé subitement, et des
eaux souterraines, chargées de matières calcaires, auraient
recouvert d'une couche de pierre toute cette végétation.

èn lui conservant ses formes délicates et son aspect varié.

Nous aurions bien voulu, pour nous rendre à Amiens, descendre le cours de la Somme et suivre à pied les bords de ce fleuve ; mais le temps nous pressait : nous fîmes prix avec un voiturier qui nous conduisit en quelques heures dans la capitale du département de la Somme.

La ville d'Amiens est située au milieu de plaines fertiles ; la Somme, qui la traverse, est navigable pour des navires de cinquante tonneaux. La ville se présente bien aux regards ; elle est entourée de remparts et de promenades. On aperçoit de loin, dominant tout le paysage, sa magnifique cathédrale.

La fondation d'Amiens remonte au delà de la domination romaine. Cette ville, conquise par Clodion, devint sa capitale et fit partie du domaine des rois de France jusque vers le milieu de la seconde race ; elle fut plus tard cédée à Philippe-Auguste, et définitivement réunie à la couronne sous Louis XI, après la mort de Charles le Téméraire.

On dit que ce fut longtemps une injure grave de demander aux habitants d'Amiens « *le prix des noix.* » Et voici pourquoi. C'était à l'époque où Henri IV terminait les guerres de la Ligue et chassait les Espagnols du royaume. Les

Espagnols voulaient s'emparer d'Amiens. Craignant d'être repoussé dans un siége régulier, voici de quel stratagème usa Ferdinand Tello, gouverneur de Doullens pour le roi d'Espagne : il fit arriver un chariot chargé de paille sous une des portes de la ville, pour empêcher qu'on ne la fermât ; en même temps, un sac de noix, répandu à dessein, amusait la garnison et l'empêchait de faire attention à ce qui se passait au dehors ; à la faveur de ce désordre, Ferdinand Tello pénétra dans la ville et s'en empara par surprise. Depuis ce temps, les noix ne sont pas en honneur à Amiens.

Cette ville est la patrie d'un grand nombre d'hommes célèbres, parmi lesquels il faut citer : Pierre l'Ermite, le savant Ducange, les poëtes Voiture et Gresset, le grammairien Wailly, le célèbre ingénieur Gribeauval et l'astronome Delambre.

Pierre l'Ermite est l'instigateur des Croisades, l'auteur de ce mouvement extraordinaire qui ébranla l'Occident pour le précipiter tout entier sur l'Asie. Il était de noble race suivant quelques historiens, d'une origine obscure suivant d'autres. Esprit actif et inquiet, il chercha le bonheur dans toutes les conditions de la vie. Il s'adonna d'abord à l'étude des lettres ; puis il se fit guerrier. Fatigué du métier des armes, il revint dans ses foyers et se maria.

Mais les joies paisibles de la famille ne purent satisfaire ses désirs : au bout de quelques années, il quitta subitement sa femme et ses enfants, prit l'habit religieux et s'enfonça dans la solitude.

Pierre l'Ermite vivait au fond des bois, dans toutes les rigueurs de la pénitence la plus austère, couchant sur la terre nue, vivant d'herbes et de fruits sauvages : tout à coup un désir nouveau s'élève dans son âme, celui de prendre l'habit de pèlerin et de se rendre à Jérusalem.

Il part donc !...

Mais les sentiments de la nature se réveillent dans son cœur; une dernière pensée terrestre le ramène sur ses pas : avant de s'éloigner, il veut dire un suprême adieu à ceux qu'il ne reverra peut-être jamais. Il arrive à son ancienne demeure : tout est muet et silencieux; l'herbe croît dans la cour, les volets et les portes sont closes; il frappe, et personne ne vient lui ouvrir; il parle, et rien ne répond à sa voix !.... Sur la route, il aperçoit une petite fille et l'interroge. Celle-ci s'effraye d'abord à la vue de l'habit du pèlerin; mais bientôt, remise de son trouble, elle le conduit silencieusement à l'extrémité du jardin, dans un endroit réservé aux sépultures de la famille de Pierre l'Ermite. Là reposaient son père, sa mère, tous ceux qui l'avaient précédé dans la vie.

L'enfant lui montre une tombe nouvelle ; c'est celle de Béatrice, sa femme, et de ses deux enfants : une peste affreuse a ravagé le pays, et les a emportés tous les trois en même temps dans le sein de Dieu. Pierre s'agenouille et pleure longtemps sur cette tombe ; puis il se relève, et, désormais complétement détaché de la terre, il n'a plus qu'une pensée, qu'un but, l'accomplissement de son voyage en Terre sainte.

Pierre l'Ermite quitte la France après avoir été ordonné prêtre ; il se joint à une troupe de pèlerins et parvient avec eux à Jérusalem. A l'aspect du tombeau du Christ, Pierre trouve enfin des sentiments capables de remplir son âme ; il passe les jours et les nuits à prier et à pleurer, et à suivre les traces de la voie douloureuse que parcourut le fils de Dieu. Sa piété s'enflamme de plus en plus ; mais, en même temps, son zèle s'irrite à la vue des persécutions que les infidèles, possesseurs des lieux saints, exercent sur les adorateurs du vrai Dieu. Une sainte indignation s'empare de lui ; il croit entendre au fond de son âme une voix qui l'appelle à délivrer ses frères, et il forme le projet d'arracher Jérusalem à la domination musulmane.

En ce temps-là, Urbain II occupait à Rome la chaire pontificale ; Pierre l'Ermite arrive et lui expose le projet qu'il a conçu. Le pape l'écoute attentivement et approuve son entreprise; il lui ordonne de parcourir l'Europe, et d'appeler les peuples à la délivrance de Jérusalem.

Pierre l'Ermite traversa alors l'Italie, passa les Alpes et parcourut la France, prêchant partout la conquête de la Terre sainte. Les pieds nus, la tête découverte, revêtu d'une robe d'ermite, il voyageait monté sur une mule, s'arrêtant de pays en pays. Son éloquence était entraînante et passionnée, sa parole énergique et forte ; la croix à la main, il dépeignait les persécutions dont les chrétiens étaient l'objet et la profanation des lieux saints. Lui-même il partageait l'attendrissement de son auditoire et versait des pleurs pendant qu'il en arrachait de tous les yeux. Le peuple se précipitait sur son passage; on jonchait de verdure le chemin par où il devait passer; on baisait le bord de ses vêtements : chacun le considérait comme un prophète envoyé par Dieu.

Le pape Urbain II, apprenant les résultats de la prédication de Pierre, assembla un concile à Plaisance; puis, venant lui-même en France, il réunit un nouveau concile à Clermont. Plus de trente mille personnes s'y trouvèrent réunies. Le pontife et Pierre l'Ermite parlèrent tour à tour. A peine eurent-ils cessé de parler, que l'assemblée, émue et transportée d'indignation, s'écria, comme d'une seule voix : *Dieu le veut ! Dieu le veut !* Les princes et les barons tirent leurs épées et jurent de ne s'en servir désormais que pour la délivrance du tombeau du Christ. Pierre l'Ermite leur distribue alors des croix d'étoffe rouge qu'ils attachent sur leurs vêtements et sur leurs armures. De là leur vint le nom de *Croisés.*

Telle fut l'origine des *Croisades,* de cette lutte de l'Occident contre l'Orient, qui, si elle n'eut point l'issue qu'on en attendait, donna néanmoins d'immenses résultats. En effet, outre que les Croisades firent participer les races encore barbares de l'Europe aux lumières, aux arts et à la civilisation des Arabes, elles rétablirent dans l'Occident, troublé par des invasions, par des révolutions, par des guerres incessantes, la paix et la concorde. Les aventuriers, les vagabonds, tous ceux qui, s'autorisant de l'exemple des princes, ne vivaient que de meurtre et de pillage, ne se plaisaient qu'au milieu des crimes et des désordres, s'élancèrent avec joie dans cette voie nouvelle, ouverte à leur humeur farouche et remuante. Ainsi, l'Europe se vit débarrassée de cette multitude, dernier reste des races du Nord, qui la retenait dans la barbarie et dans l'anarchie.

Pour cette grande œuvre, Dieu se servit d'un homme

inconnu, sans renommée et sans fortune, de Pierre l'Ermite d'Amiens.

Tel est, ou à peu près, le récit que nous fit notre ami Victor, très-versé dans l'étude du moyen âge et des Croisades, pendant que nous nous rendions à la cathédrale.

La cathédrale d'Amiens, dont la construction remonte au douzième siècle, est une de nos plus magnifiques églises gothiques; ses grandes dimensions, l'élévation et la hardiesse de ses voûtes et l'amplitude de sa nef lui donnent une majesté qui effraye les regards et remplit l'âme de crainte et de respect. Avant la révolution, c'était l'église la mieux ornée de France, la plus riche en détails d'architecture et de sculpture : des mains barbares et sacriléges ont mutilé sans pitié ses ornementations, brisé les statues dans leurs niches, enlevé les vitraux précieux; mais ce qui a résisté à l'œuvre de destruction suffit encore pour exciter puissamment l'admiration.

C'est dans la cathédrale d'Amiens que Charles VI épousa cette Isabeau de Bavière qui fut son mauvais génie comme celui de la France. Pendant que son époux se débattait dans les crises de sa démence furieuse, cette princesse dénaturée l'abandonnait à la pitié et à la merci de quelques rares serviteurs; si jamais elle entrait dans le réduit froid et humide où le pauvre roi gémissait comme dans une prison, grelottant l'hiver et ramenant son pourpoint en lambeaux pour abriter ses mains tremblantes, c'était pour abuser de l'imbécillité de son esprit et lui faire signer, le sourire sur les lèvres, la honte et le déshonneur de la France. Comme elle avait trahi son époux et sa nouvelle patrie, elle trahit son enfant et mit, à son détriment, la couronne de France sur la tête d'Henri V, roi d'Angleterre. Méprisée par ceux-là mêmes qu'elle avait servis, elle mourut dans l'abjection ; des imprécations de haine accompagnèrent seules son cercueil, et pas une larme ne fut donnée à sa triste mémoire.

Après la cathédrale, nous visitâmes encore l'hôtel de ville, bâti par Henri IV, puis la bibliothèque publique et les musées, qui renferment de nombreuses richesses et de précieuses collections. Amiens a brillé de tout temps par son goût pour les lettres et pour les sciences ; depuis les *Trouvères* jusqu'à nos jours, ce goût s'est perpétué parmi ses habitants : on peut en trouver la preuve dans les hommes célèbres auxquels cette ville a donné naissance. Amiens est important par son commerce ; on y fabrique principalement de la toile, du velours et des étoffes de laine.

D'Amiens, nous allâmes à Beauvais. Cette ville existait avant l'arrivée des Romains dans la Gaule ; elle fut prise par

Chilpéric. Au temps de l'invasion des Normands, elle eut beaucoup à souffrir de leurs incursions : elle fut prise et reprise, brûlée, saccagée et pillée plusieurs fois. Elle fut aussi le théâtre de nos guerres avec l'Angleterre.

Le siége d'Amiens par Charles le Téméraire donna naissance à l'héroïque dévouement de Jeanne Hachette.

Le duc de Bourgogne entourait la ville avec une armée de quatre-vingt mille hommes ; Beauvais n'avait pas de garnison ; mais les habitants de la ville et leurs femmes mêmes, conduits par Jeanne Hachette, repoussèrent vaillamment les assaillants. On vit cette héroïne monter sur la muraille, à la tête de plusieurs autres femmes, et arracher elle-même l'étendard qu'y plantait déjà un soldat bourguignon. Charles le Téméraire fut contraint de lever le siége.

Nous visitâmes rapidement Beauvais. Nous vîmes l'hôtel de ville, bel édifice construit dans le dix-huitième siècle, et la préfecture, autrefois le palais épiscopal, espèce de forteresse gothique avec de hautes murailles flanquées de deux grosses tours. Puis nous nous rendîmes à la cathédrale. Cet édifice est incomplet ; le chœur seul a été achevé sur le plan primitif ; il est remarquable par l'élévation de sa voûte et par son architecture hardie. Le portail de l'église est aussi une œuvre très-complète et fort appréciée.

Il y avait autrefois à Beauvais une coutume singulière. Dans le mois de janvier de chaque année, se célébrait la *Fête de l'Ane*. Une jeune fille, figurant la Sainte-Vierge et tenant l'Enfant Jésus dans ses bras, s'avançait, montée sur un âne et suivie d'une procession nombreuse, jusque dans l'intérieur de l'église Saint-Étienne de Beauvais; elle pénétrait ainsi dans le sanctuaire même. Alors commençait une messe solennelle dans laquelle le *Kyrie*, le *Gloria* et le *Credo* étaient remplacés par ce cri trois fois répété par le peuple : *hi-han, hi-han, hi-han!...*

On a traité cette coutume de farce ridicule et sacrilége. Il faut plutôt y voir, au milieu des mœurs et de la foi naïve de cette époque, un simple hommage rendu à l'humble animal qui fut le témoin de la naissance du Sauveur, qui le transporta en Égypte avec sa mère, et qui, plus tard, le ramena triomphant à Jérusalem. L'Église souffrit ces sortes de fêtes jusqu'au moment où la civilisation se répandit de plus en plus parmi les peuples et commença à gagner les classes inférieures de la société. Alors les naïvetés des temps de simplicité et d'ignorance eussent pu se tourner en dérision : l'Église les interdit.

Notre itinéraire était rempli. Nous revînmes directement à Paris.

Dix jours après mon départ, j'étais de nouveau dans ma petite chambre, accoudé devant ma table, au milieu de mes livres et de mes cahiers.

SOUVENIRS DE LA BOURGOGNE.

TANTE MARGUERITE

Je reçus, un beau matin, une lettre ainsi conçue :

« Mon cher ami, j'ap- « prends que tu voyages vo- « lontiers et que tu restes « difficilement en place. Un de nos « camarades m'a affirmé que tu avais déjà visité une « partie de la France. Comment se fait-il alors, voyageur

« intrépide, que tu n'aies pas encore pensé à notre vieille
« Bourgogne? Crois-tu que tu y trouveras un pays moins
« pittoresque et moins beau, moins de villes remarquables,
« de monuments célèbres, de légendes et de souvenirs, que
« dans les autres pays que tu as déjà parcourus?... Hâte-
« toi de réparer cet injuste oubli pour ma terre natale;
« et, si tu n'as déjà le pied sur un navire quelconque,
« pour faire le tour du monde ou pour découvrir le pas-
« sage des mers polaires, prends ton bâton de voyage, et
« viens, à travers la Bourgogne, renouveler à Mâcon notre
« vieille et bonne amitié. »

Suivait la signature, qui était celle d'un de mes meilleurs
amis de collége, retiré à Mâcon et vivant philosophique-
ment de son revenu.

Un beau voyage à faire, un bon ami à retrouver, c'était
plus qu'il n'en fallait pour me décider à partir.

Je partis donc.

Dans mes excursions aux environs de Paris, j'avais déjà
visité Fontainebleau; je ne songeai donc pas à m'y arrêter.
Je traversai de nuit cette ville, et je vis en passant, à la
clarté de la lune, les vieux murs de ce château qui a vu tant
de fortunes diverses et tant de grands événements. C'était
une résidence royale dès le temps de Robert le Pieux;
François Ier le reconstruisit avec une grande magnificence

et l'enrichit de chefs-d'œuvre de tous genres ; Henri IV en fit le théâtre de ses fêtes et de ses plaisirs ; Louis XIV y signa la révocation de l'*Édit de Nantes*; Louis XV y épousa la fille de l'infortuné Stanislas, roi de Pologne, la belle Marie Leczinska. Devenu le séjour de prédilection de l'empereur Napoléon Ier, le château de Fontainebleau vit s'accomplir quelques-uns des plus grands événements de son règne : le mariage de l'empereur avec Marie-Louise ; la captivité du pape Pie VII, et la signature du *Concordat;* enfin l'abdication de Napoléon et ses adieux aux débris de cette armée qui avait fait avec lui le tour de l'Europe et porté ses aigles jusqu'au sommet du Kremlin.

Après le château, j'aperçus de loin la forêt. C'est une des plus belles de France, tant par sa grandeur que par sa végétation vigoureuse et les sites variés qu'elle présente. Que de fêtes elle a vues ! que de chasses magnifiques ont fait retentir ses échos de leurs accents joyeux ! équipages; cavaliers, meutes ardentes parcouraient ses larges allées, devenues trop étroites pour la foule qui s'y pressait. C'était le temps des fêtes et des plaisirs, le temps où la France était gaie, où l'on se consolait des revers mêmes par des chansons. Aujourd'hui l'argent et l'ambition, qui mènent le monde, nous ont rendus tristes et soucieux.

Telles étaient les réflexions que je faisais en traversant

Fontainebleau. Heureusement pour moi, mes idées devenant tristes et sombres, je ne tardai pas à m'endormir dans
le coin de la diligence où je m'étais installé de mon mieux.
Je ne m'éveillai qu'à Montereau, avec les premières lueurs
du jour.

Montereau est situé au confluent de la Seine et de
l'Yonne. Sa position sur la frontière de la France et de la
Bourgogne l'exposa jadis à tous les malheurs des guerres
qui éclatèrent entre ces deux pays. C'est là que fut assassiné Jean Sans-Peur, duc de Bourgogne.

La France, déchirée par la querelle des Armagnacs et
des Bourguignons, était livrée au désastre et à l'anarchie
pendant la démence de Charles VI. L'Anglais était à nos
portes : déjà Henri V était maître de Rouen et menaçait
Paris. Le danger commun fit sentir la nécessité d'une réconciliation entre les partis qui se disputaient le pouvoir.
Dans une première conférence, tenue à Pouilly-Lefort
près de Melun, Jean Sans-Peur et le dauphin Charles
(depuis Charles VII) s'embrassèrent et jurèrent de *s'aimer
comme frères*, promettant de se revoir bientôt. Une nouvelle conférence, où les droits des deux partis devaient être
définitivement réglés, eut lieu, en effet, à Montereau;
mais à peine Jean Sans-Peur eut-il abordé le dauphin,
qu'il tomba sous les coups des jeunes seigneurs de la suite

de ce prince. Ainsi fut vengé, par une cruelle trahison, le meurtre de Louis d'Orléans, lâchement assassiné dans les rues de Paris par le duc de Bourgogne.

Montereau est encore célèbre par une des dernières victoires de Napoléon, dans la mémorable campagne de 1813. Les armées alliées n'échappèrent à une défaite totale qu'en coupant les deux ponts de la ville. Sans cette précaution, qui assura leur retraite et leur permit de se reformer après avoir reçu de nouveaux renforts, qui sait ce qui serait advenu et de quel côté la victoire aurait fait pencher la balance?

Montereau, l'ancienne forteresse, l'ancienne place de guerre, est aujourd'hui une ville de commerce et d'industrie. Sa situation est agréable, son aspect pittoresque.

A quelques lieues de Montereau, on entre en Bourgogne. J'arrivai en quelques heures dans la ville de Sens.

Sens remonte à la plus haute antiquité; capitale des *Sénones*, un des peuples les plus braves et les plus renommés de la Gaule, elle vit ses enfants ravager Rome sous la conduite de Brennus. Rome se vengea, et César, déjà maître d'une grande partie de la Gaule, vint mettre le siége devant Sens. Ce fut un siége célèbre; les Sénonais firent une longue et héroïque résistance; mais la fortune de César l'emporta enfin, et la ville, passant sous la domination romaine, devint la métropole d'une des provinces de la Gaule.

Les environs de Sens rappellent encore l'époque des Romains; on y trouve des débris de voies antiques et des vestiges de diverses constructions parmi lesquelles on remarque des bains et les ruines d'un amphithéâtre. On y voit aussi des tombelles gauloises et des pierres druidiques.

Sens est encore entouré en partie de vieilles et fortes murailles, formées de pierres et de briques et figurant des arcades semblables à celles que l'on trouve dans les constructions romaines. Neuf portes donnent accès dans la ville. Je remarquai surtout celle qui avoisine le pont de l'Yonne; c'est une espèce d'arc de triomphe flanqué de deux tourelles dont les parois sont divisées en arcades de forme ogivale.

Les murailles de Sens ont arrêté la valeur d'Henri IV : après avoir inutilement fait donner trois assauts à la ville, et failli être tué d'un coup d'arquebuse, le Béarnais se vit contraint de lever le siége.

Je ne voulais rester que peu de temps à Sens; je m'empressai de visiter la cathédrale, le plus beau des édifices de la ville et celui qui offre le plus d'intérêt. C'est un monument gothique dont la façade présente trois porches

et deux clochers; l'intérieur de l'église se compose de
trois nefs et d'un chœur entouré de bas côtés. On admire,
dans le chœur, le maître-autel, au-dessus duquel s'élève
un magnifique baldaquin, supporté par quatre colonnes
de marbre rouge, et un groupe en stuc qui représente
le martyre de saint Savinien, premier apôtre et évêque
des Sénonais.

C'est sur l'emplacement de trois chapelles bâties par
saint Savinien que fut élevée la cathédrale; cette première
église, brûlée dans le dixième siècle, fut remplacée par
l'édifice actuel, commencé par saint Anastase et achevé
seulement cinq siècles après.

On remarque dans la cathédrale de magnifiques vitraux
peints par Jean Cousin ; un grand nombre de chapelles
riches en peintures et en sculpture, notamment celle de la
Vierge ; le tombeau du cardinal Duprat, précepteur de
François Ier et chancelier de France, tombeau dont les
bas-reliefs sont attribués au Primatice ; et enfin le mausolée du dauphin, père du roi Charles X.

Je me remis en route. Je traversai rapidement Joigny,
petite ville située sur la rive droite de l'Yonne, et qui
s'élève en amphithéâtre sur un coteau planté de vignes
nombreuses. Elle possède un hôpital dont on attribue la
fondation à la comtesse Jeanne de Valois, un château

bâti par le cardinal de Gondi, et trois églises gothiques, parmi lesquelles on remarque surtout celle qui est sous l'invocation de saint Jean.

Après Joigny vient Auxerre. C'est une jolie ville, traversée par l'Yonne et centre d'un commerce très-actif. Les vignobles qui l'environnent produisent des vins renommés. C'est là qu'arrivait autrefois ce fameux *Coche d'Auxerre*, qui faisait régulièrement de huit à dix lieues par jour en descendant la rivière, et cinq ou six en la remontant. Encore trouvait-on dans ce temps-là que c'était aller très-vite, et ne songeait-on pas à se plaindre ! C'était le temps où l'on faisait son testament pour aller de Paris à Pontoise. Aujourd'hui, un mois suffit pour aller visiter New-York et pour en revenir; aujourd'hui on part de chez soi le matin et l'on y rentre tranquillement le soir après avoir passé la journée à vingt ou vingt-cinq lieues de distance. Il y a loin de la vapeur au coche d'Auxerre !...

Auxerre possède une ancienne cathédrale, sous l'invocation de saint Étienne, qui passe pour un de nos édifices gothiques les plus remarquables. On y voit aussi les restes d'une célèbre abbaye fondée en 422 par saint Germain, patron de la ville.

A sept lieues d'Auxerre, à la jonction de la Cure et de l'Yonne, se trouvent les fameuses *grottes* d'Arcy.

Je n'avais garde d'oublier ce lieu que Buffon a deux fois
visité, et sur lequel il a laissé des observations pleines
d'intérêt.

Je demandai un guide pour aller visiter les grottes.
Une vieille femme me montra sur la route plusieurs personnes qui me précédaient seulement de quelques pas.
La bonne vieille parlait un certain patois bourguignon
auquel je n'entendais pas grand'chose. Heureusement je
compris à ses gestes que quelques voyageurs avaient pris
les devants et que le guide était avec eux. Je me hâtai de
les rejoindre. C'était une famille anglaise, composée du
père et de la mère et de deux charmantes jeunes filles.
Ma présence fut une bonne fortune pour eux, car ils
entendaient à peine quelques mots de français; je m'empressai de leur servir d'interprète.

L'entrée des grottes d'Arcy présente une ouverture
énorme au milieu des rochers; cette ouverture va peu à
peu en se rétrécissant, de sorte qu'il faut déjà se baisser
de quelques pas pour pénétrer dans l'intérieur. Après un
long couloir dont la pente est rapide et le sol escarpé et
jonché de grosses pierres, on arrive dans une première
salle ornée de stalactites des formes les plus variées. Puis
vient une seconde salle, plus vaste et plus curieuse que
la première; au milieu s'étend un lac de près de qua-

rante mètres de diamètre, formé par l'eau qui suinte le long des parois. La troisième salle est la plus belle ; c'est une espèce de galerie de plus de deux cents mètres de longueur sur une largeur de quinze mètres environ. Les stalactites y prennent les formes les plus extraordinaires : ici vous croiriez voir une forteresse avec ses tours crénelées ; là un palais grec avec une magnifique colonnade ; plus loin les concrétions s'élèvent en arceaux gothiques, semblables aux ruines d'une vieille abbaye ; puis voici un buffet d'orgue avec ses mille tuyaux de toutes dimensions, d'immenses draperies dont les plis sont relevés avec art. Au milieu de toutes ces créations fantastiques s'élève une statue que l'on dirait taillée par la main des hommes ; elle représente assez bien une femme tenant un enfant dans ses bras. Les habitants du pays disent que c'est la bonne Vierge, et ils appellent cette partie des grottes la *Salle de Notre-Dame.*

C'était un magnifique spectacle que toutes ces masses blanchâtres reflétant la lumière de nos torches. Mes compagnons de voyage exprimaient leur admiration par des acclamations nombreuses. « *Beautiful!... beautiful!...* » répétaient-ils sans cesse. Et l'on sait que ce mot vaut à lui seul une longue phrase de la part de nos voisins d'Outre-Manche, assez flegmatiques d'ordinaire, et qui ne traduisent pas leurs impressions par un flot de paroles, comme nous autres Français.

Les grottes d'Arcy ont encore quatre salles. La quatrième n'offre rien de bien remarquable. La cinquième s'appelle la *Salle des Chauves-Souris*, et sert de refuge à un grand nombre de ces animaux. Effrayés à notre approche, ces oiseaux de nuit s'enfuirent lourdement, en volant avec bruit, dans la salle que nous venions de quitter. Nous étions fort occupés à les regarder s'éloigner, lorsque soudain un bruit semblable à la détonation d'une arme à feu se fit entendre auprès de nous. Les deux jeunes miss poussèrent en même temps un cri d'effroi. Nous nous retournâmes pour chercher la cause de ce bruit étrange, et nous vîmes notre guide frappant du pied sur le sol au milieu de la caverne ; il recommença plusieurs fois, et les échos des grottes se mirent à répéter ce bruit avec les tonalités les plus étranges, les unes graves comme la voix du canon, les autres aiguës et plaintives : on eût dit les échos lointains d'un champ de bataille. Ce fut bien autre chose encore lorsque notre guide se mit à chanter de toute la force de ses poumons, lentement et en s'arrêtant presque à chaque mot, le vieux refrain d'un noël bourguignon ; il semblait que des milliers de voix répondissent à la sienne, reproduisant, à des diapasons et avec des timbres différents, toutes les inflexions du son et les moindres syllabes. Il avait fini depuis longtemps, que des échos lointains résonnaient encore, comme les dernières voix de l'orgue élevant, sous les voûtes sonores de nos vieilles cathédrales, leurs derniers murmures et leur dernière prière.

Au bout de cette salle, se trouve un passage étroit et bas, nommé le *Trou du Renard*. C'est par ce couloir obscur qu'il faut se glisser, en rampant sur les mains et sur les genoux, si l'on veut pénétrer dans la sixième et dans la septième salle.

Notre guide me demanda si les dames voulaient effectuer ce passage. Je traduisis sa question, certain à l'avance que la réponse serait négative. A mon grand étonnement, les trois Anglaises se déclarèrent prêtes à nous suivre, paraissant même fort surprises qu'on eût douté un seul instant de leur audace. Habituées à voyager, les Anglaises escaladent les montagnes, traversent les précipices sur des planches fragiles, et font mille autres choses périlleuses avec un sang-froid et un courage merveilleux. Elles sont en cela, il faut bien l'avouer, supérieures à nos dames françaises, dont la sensibilité nerveuse s'excite à la moindre apparence de danger et qui n'estiment les voyages qu'autant que la route à suivre est sûre et facile.

Nous nous engageâmes donc successivement dans le *Trou du Renard*. Arrivés au bout de ce chemin difficile et peu agréable, nous fûmes tout surpris d'apercevoir la lumière du jour. Notre étonnement cessa lorsque, après avoir visité la sixième salle et la septième, remarquables par la beauté des stalactites qu'elles renferment, nous vîmes devant nous une large ouverture donnant sur la campagne. Les grottes d'Arcy sont, en effet, tellement disposées, qu'on les parcourt sans être obligé de revenir sur ses pas. On prétend que ces grottes se rétrécissent tous les jours, à mesure que les concrétions augmentent. D'après les calculs de Buffon, la plus grande partie des grottes se trouvera comblée dans deux siècles et se trouvera transformée en vastes carrières d'albâtre.

Je voulus prendre congé de la famille anglaise ; mais ce fut en vain : le père, avec lequel j'avais causé longuement et qui connaissait mon itinéraire, me dit qu'il devait suivre le même chemin que moi et passer par Mâcon, pour de là gagner Lyon et descendre le Rhône jusqu'à Marseille ; il ajouta que ce serait leur rendre un grand service, puisqu'en leur servant d'interprète, j'augmenterais pour eux les plaisirs du voyage. C'était une manière aimable de m'offrir une placé dans la chaise de poste qui stationnait sur la route, à quelque distance. J'essayai vainement de refuser, et je finis par céder.

La berline prit la route d'Avallon. Deux heures après nous étions en vue de la ville.

Avallon est une charmante ville située dans une position des plus pittoresques, au sommet d'une roche granitique. Cette ville a de jolies habitations, de belles rues larges et bien percées et de belles promenades d'où l'on jouit de vues délicieuses sur la vallée formée par le Cousin.

Sur le rocher qui est au pied d'Avallon, s'élevait autrefois une forteresse réputée imprenable. Robert le Pieux l'assiégea vainement; il s'en vengea plus tard, car en ayant acquis la possession, il la fit démanteler. Le temps a dispersé les ruines du vieux château et en a effacé les derniers vestiges.

A quelques lieues d'Avallon, nous trouvâmes le village de Quarré-les-Tombes, ainsi nommé à cause des nombreuses sépultures que l'on trouve dans ses environs. Ces tombes sont en pierre, de formes assez variées, mais travaillées très-grossièrement. On ignore leur origine.

Je savais que nous devions passer auprès des sources de la Seine. Arrivés à Chanceaux, nous prîmes un guide pour nous y conduire. Celui-ci nous fit quitter la grande route, et nous suivîmes un sentier qui serpentait au milieu des champs. Au bout d'un quart d'heure de marche, un petit ruisseau, large d'un mètre à peine, vint à nous barrer le chemin. Je m'élançai bravement sur l'autre rive ; les deux jeunes miss en firent autant, sans vouloir même accepter la main que je leur tendais ; la mère passa sur une petite pierre qui servait de pont ; quant au père, il était resté gravement de l'autre côté avec le guide. Il poussa une exclamation de surprise qui nous arrêta dans notre marche et nous fit détourner la tête.

Le guide nous montra alors le ruisseau que nous venions de traverser et nous dit :

— Voici la Seine...

C'était elle, en effet. Elle prend sa source à peu de distance. Ce mince filet d'eau, qui sort si doucement des rochers, voit son lit s'élargir peu à peu ; à quelques lieues de sa source, il devient navigable ; bientôt c'est un fleuve majestueux traversant nos belles provinces, tantôt fécondant les riches prairies qui bordent ses rives, tantôt apportant le commerce et l'abondance dans de nombreuses cités, puis devenant si large que l'œil ne peut plus distinguer ses bords, et enfin mêlant ses ondes aux flots bleus de la mer.

C'est là l'histoire de tous les grands fleuves.

Nous retraversâmes la Seine et nous gagnâmes la grande route, où la voiture nous attendait. Nous ne devions plus nous arrêter qu'à Dijon. Une heure avant la chute du jour, nous étions en vue de cette ville.

Dijon est situé dans une plaine assez vaste, sur la rive gauche de l'Ouche. Sur la rive droite nous aperçûmes, éclairés par les feux du soleil couchant, les riches coteaux, couverts de vignobles renommés, qui ont valu à cette contrée le nom de *Côte-d'Or*. L'aspect de la ville est très-pittoresque; on aperçoit de loin le faîte de ses nombreux monuments, des tours, des clochers, et principalement la flèche de la cathédrale, qui semble s'élever jusque dans les nuages.

Dijon est entouré de vieilles murailles. Le long des remparts s'étendent de magnifiques promenades, couvertes de beaux arbres. Nous entrâmes dans la ville par une ancienne porte flanquée de tours.

La nuit était arrivée par degrés et l'obscurité était à peu près complète lorsque nous nous trouvâmes dans l'intérieur de la ville. Déjà le mouvement y devenait rare, les rues étaient désertes et la plupart des boutiques étaient fermées. Il en est ainsi dans presque toutes les villes de province : le peu d'activité qui y règne n'a que la durée du jour; le soir tout se tait et tout s'endort. Quelle diffé-

rence avec Paris et avec les grandes villes ! Le jour, c'est
le monde des affaires ; le soir, celui des distractions et des
plaisirs. A la lueur du gaz, qui fait un soleil nouveau à nos
rues et à nos boulevards, commence un vie nouvelle : on
va, on vient, on se promène, on flâne enfin. Et la flânerie
est, pour les Parisiens, une si douce chose !

En province, on dort, et l'on ne s'en trouve pas plus
mal.

Le lendemain, nous commençâmes, dès le matin, nos
excursions dans la ville. Nous vîmes d'abord les églises.

La cathédrale, bâtie dans le douzième siècle sur l'emplacement d'une ancienne abbaye, est de dimensions peu
considérables et d'une architecture assez nue. Extérieurement, on remarque sa flèche qui s'élève à soixante-dix
mètres au-dessus de la toiture ; à l'intérieur, on trouve
d'assez belles sculptures et quelques tombeaux, parmi
lesquels le mausolée d'Uladislas, roi de Pologne.

L'église Notre-Dame, qui était autrefois la principale
de la ville, présente un extérieur remarquable par la régu-
larité de son architecture. Le portail principal est fort beau ;
il est formé de plusieurs rangs de colonnes superposées,
qui supportent des ogives et des têtes d'animaux fantastiques. A l'un des angles de cette façade, on voit le *Jacquemart*, fameuse horloge mécanique que Philippe le Hardi,

duc de Bourgogne, fit transporter de Courtray à Dijon.

Neuf heures allaient sonner comme nous étions à considérer cette horloge : un enfant et une femme sortirent d'une petite niche placée à côté du cadran et vinrent frapper les quarts sur deux timbres différents ; puis Jacquemart lui-même, armé de pied en cap comme un chevalier, sortit à son tour et laissa retomber neuf fois sa masse d'armes sur le timbre des heures. Après avoir accompli ce travail, la famille Jacquemart, le père marchant le premier, rentra gravement dans sa demeure.

La première partie de notre journée avait été employée à visiter les églises; la seconde moitié fut consacrée aux autres monuments.

Nous nous rendîmes d'abord aux Vieux-Château, situé près de la Porte Guillaume. Louis XI le fit construire lorsqu'il prit possession de la Bourgogne après la mort de Charles le Téméraire. C'est une énorme masse carrée, flanquée de quatre grosses tours et protégée par des remparts et des fossés profonds. Ce château est situé en dehors de la ville, et s'y rattache par un pont.

Le Vieux-Château de Dijon a été longtemps une prison d'État; pendant la Terreur il a reçu dans ses murs de nombreux prisonniers; il sert aujourd'hui de caserne de gendarmerie.

Le concierge sortit à notre approche et nous demanda si nous voulions visiter l'intérieur du château. Puis, sans attendre notre réponse, il tira de la poche de sa veste un énorme paquet de clefs et s'engagea sous la voûte qui sert d'entrée principale. Nous le suivîmes. C'était un petit vieillard vif et alerte comme un jeune homme; il n'était pas né muet, ou du moins sa guérison avait été bien complète, car il parlait sans cesse, nous arrêtant à chaque pas pour nous donner sur chaque chose de minutieux détails et pour nous raconter une foule d'histoires plus ou moins curieuses. Tous ses récits commençaient invariablement par ces mots : « Ceci est un souvenir du Vieux-Château de Dijon. »

Il nous montra la chambre où la duchesse du Maine fut enfermée par ordre du régent après la conspiration de Cellamare; puis celle qui servit de prison à Mirabeau. De là il nous conduisit dans une salle immense, située au rez-de-chaussée, où l'on entassait, pendant la révolution, les nombreuses victimes que l'échafaud réclamait chaque jour.

Cette salle, dans laquelle on pénètre en descendant quelques marches, ressemble assez, par sa disposition, à l'intérieur d'une ancienne église; de larges piliers, placés de distance en distance, soutiennent la voûte, et d'étroites fenêtres, élevées de plusieurs mètres au-dessus du sol, ne laissent pénétrer, à travers leurs barreaux de fer, qu'un jour sombre et douteux.

A peine y avions-nous fait quelques pas, que notre guide se tourna vers nous et s'exprima en ces termes :

« Ceci est un souvenir du Vieux-Château de Dijon !

Il faut vous dire, messieurs et mesdames, que mon père était concierge de ce château pendant la révolution; ce qui ne l'empêchait pas d'être un brave et excellent homme. Mais que voulez-vous? il occupait déjà la place du temps du roi Louis XVI ; or, comme il était pauvre et qu'il avait une nombreuse famille à nourrir, il accepta l'offre qu'on lui fit de la lui conserver. D'ailleurs, refuser les faveurs de la république, c'était souvent s'exposer à la mort.

Je me souviens — j'avais alors huit ans environ — que, vers le commencement du mois de juillet 1794, mon père fut dérangé un soir, pendant que nous prenions notre repas, pour introduire une prisonnière dans cette salle. Quand il revint, il était tout triste et refusa de manger.

— Sais-tu, dit-il à ma mère, qui je viens de conduire à la prison?... la vieille marquise de Nerville, dont le fils a été si bon pour nous pendant qu'il était gouverneur du château.

— Quoi! répondit ma mère, ils sont parvenus à découvrir sa retraite?

— Elle a été livrée par un de ses anciens domestiques qui l'a suivie et dénoncée.

— Et sa petite-fille, Marie, que nous avons vue autrefois si gentille et que nous avons fait sauter si souvent sur nos genoux?

— Après la mort de son père et de sa mère, elle était restée auprès de sa grand'mère; elles vivaient ignorées à l'extrémité d'un des faubourgs de la ville, vêtues comme de simples paysannes, et parlant le langage des gens du peuple. Aujourd'hui, pendant que Marie était absente pour renouveler les provisions du ménage, la marquise s'est vue tout à coup arrêtée et amenée ici.

— Sais-tu si elle t'a reconnu?

— Elle allait parler, et peut-être prononcer mon nom, ce qui nous aurait perdus tous les deux, car je n'étais pas seul avec elle; mais j'ai mis un doigt sur ma bouche et elle a compris qu'il fallait dissimuler.

— Et que comptes-tu faire?

— Dame! c'est bien embarrassant! Si j'étais seul, ça serait bien vite décidé : je la sauverais et je fuirais ensuite!... Mais...

En cet instant on sonna à la porte du château.

—Allons! dit mon père en se levant, encore des prisonniers qu'on amène! Quel affreux métier que le mien! toujours des larmes! toujours des souffrances!

—Citoyen! cria le factionnaire placé devant la poterne,
faut-il laisser entrer? C'est une jeune citoyenne qui demande à te voir et à te parler; elle dit qu'elle vient de la
part d'un de tes parents.

— Laisse entrer, citoyen, répondit mon père.

La porte s'ouvrit et donna passage à une jeune fille
d'une quinzaine d'années environ; elle était vêtue comme
les gens de la campagne, mais sa beauté, son air de distinction et surtout la blancheur de son visage et de ses
mains, auraient bien pu, malgré son costume, faire naître
quelques soupçons.

Elle entra dans la salle où nous nous tenions, et s'a-
vançant vers mon père :

— Me reconnaissez-vous? lui dit-elle; je suis Marie, la
fille de M. de Nerville.

—Ah! oui, c'est bien elle! dit ma mère avec émotion;
comme la voilà grande et belle!

— N'est-ce pas, ajouta la jeune fille en prenant la main
de mon père, que vous m'aimez encore comme au temps
où vous me portiez dans vos bras?... Oh! prouvez-le-moi!

Ma grand'mère est ici... laissez-moi la voir! menez-moi auprès d'elle!

Et elle se précipita aux genoux de mon père, attendant sa réponse.

— Écoutez! lui dit-il : ce que je vais faire pour vous, en souvenir de votre père qui a toujours été bon pour moi, c'est tout ce que je pourrais faire pour un des miens!... Mais songez qu'un regard, un geste, un mot imprudent qui vous échapperait, peuvent me perdre, moi, ma femme et mes enfants!...

— Oh! je serai muette et impassible; je saurai même retenir mes larmes!

— Vous allez rester avec nous, dit mon père; je dirai que vous êtes la fille d'un de mes parents et que je vous ai fait venir pour aider ma femme dans les soins du ménage.

— Et je pourrai voir ma grand'mère?

— De temps en temps, et lorsque cela pourra se faire sans danger.

— Oh! merci!...

— Et maintenant, Marie, ajouta mon père craignant que quelqu'un n'écoutât à la porte, hâte-toi de souper, car tu as fait une longue route et tu dois avoir faim.

Huit jours se passèrent. Au bout de ce temps, tout le monde connaissait Marie dans le château, et nul n'avait de soupçons sur le véritable motif de sa venue. Le jour, elle travaillait avec ma mère ou jouait avec nous ; mais la nuit, elle la passait auprès de sa grand'mère. Grâce à un passage secret que mon père connaissait seul, elle arrivait sans être vue dans l'intérieur de cette salle, dont la marquise de Nerville était heureusement alors la seule prisonnière.

Une nuit, les paroles de la vieille marquise à sa petite-fille furent plus tendres et plus affectueuses que de coutume. La veille, elle avait été condamnée par le tribunal révolutionnaire, et elle devait marcher le lendemain à l'échafaud. Marie l'ignorait et ne soupçonna rien : la jeunesse est si pleine de confiance et d'illusions !...

Mon père, qui faisait le guet auprès de la porte secrète, laissa cette nuit-là se prolonger leur entretien plus tard que de coutume. Il pleurait en pensant que c'était la dernière fois que madame de Nerville et Marie étaient réunies, la dernière fois que la jeune fille s'agenouillait ainsi devant sa grand'mère, baisant ses mains, recevant ses caresses, la contemplant, pendant qu'elle parlait, avec de doux et tristes regards.

Vint le lendemain !...

Ce jour-là, on apprit à Dijon la mort de Robespierre et la fin de la Terreur ; ce jour-là, madame de Nerville était libre !

Vous le voyez, ajouta notre guide, mon père était un brave homme!... et moi, j'aurais fait comme lui. »

Pour toute réponse, je lui pris la main et la lui serrai cordialement; j'avais des larmes dans les yeux.

La famille anglaise, à laquelle je traduisis cette histoire, en parut émue comme moi.

C'est que le cœur parle partout le même langage et que les beaux et nobles sentiments sont de tous les temps et de tous les pays !

Après le Vieux-Château nous allâmes visiter l'*ancien palais des ducs de Bourgogne*, séjour de ces fiers souverains qui faisaient trembler les rois de France sur leur trône; vassaux souvent plus forts que leurs seigneurs, sujets insolents et rebelles qui, chaque jour, avec la pointe de leur épée, marquaient de nouvelles frontières à leurs domaines. Ce palais, construit dans le douzième siècle, a été plusieurs fois dévasté. Deux tours sont seules debout au milieu des ruines, l'une dite *tour de la Terrasse*, carrée et fort haute; l'autre, appelée la *tour de Bar*, dans laquelle le bon roi Réné, duc de Bar, fut enfermé pendant trois ans.

L'ancien palais des ducs de Bourgogne a été remplacé par le palais des États, achevé vers la fin du dix-huitième siècle, et construit pour servir à la tenue des États de la province. Ce palais est situé sur une place circulaire,

entourée d'arcades, que l'on nomme la *Place Royale*.
L'édifice est vaste, mais d'une architecture lourde et dis-
gracieuse; après avoir reçu des destinations différentes,
il renferme aujourd'hui la belle bibliothèque, les musées
de peinture, de sculpture, et les collections d'objets curieux
que possède la ville. Dans l'intérieur du palais, on remarque la *salle des Gardes*, qui faisait partie de l'ancien
palais et a été reconstruite dans le palais des États; elle
contient les mausolées de Jean Sans-Peur et de Philippe
le Hardi, ouvrages précieux du quinzième siècle, presque
détruits pendant la révolution, et reconstitués, avec un
talent et une patience admirables, par un architecte habile
dont je regrette de n'avoir pas retenu le nom. On voit
encore dans cette salle le mausolée de Crébillon, la statue
de Bossuet et les bustes du prince de Condé, de Buffon et
de Rameau. On y remarque aussi une immense cheminée
gothique, d'une sculpture admirable et du travail le plus
délicat.

Nous allions quitter la salle des Gardes, lorsque notre
cicérone nous fit remarquer le plafond. C'est une magnifique peinture due au pinceau de Prudhon, et représentant la Bourgogne entourée des Vertus et des Beaux-Arts.

Nous terminâmes la journée par une visite aux promenades de la ville, qui sont fort belles et fort agréables;

elles sont au nombre de trois : le *Cours Fleuri,* formé de trois allées d'une lieue de longueur, plantées de beaux arbres ; la promenade des *Marronniers* et celle de *l'Arquebuse.*

Le lendemain nous nous remîmes en route.

Nous traversâmes rapidement Beaune, jolie ville située au pied d'un coteau fertile et renommé par ses excellents vins ; Nolay, Châlon, qui fut pendant quelque temps la capitale de la Bourgogne, et Cluny, dont l'abbaye fut une des plus célèbres de France.

Enfin nous arrivâmes à Mâcon. Là je me séparai de mes compagnons de voyage, qui continuaient leur route vers Lyon.

Grâce à la manière agréable et commode dont j'avais fait la route, j'arrivai chez mon hôte, frais, dispos et exempt de fatigue.

C'est une bonne et douce réunion que celle de deux camarades de collége qui se retrouvent après dix ans de séparation : que de souvenirs à échanger, de confidences à se faire ! Les portes du collége se sont ouvertes ; la vie s'est déroulée aux regards ; chacun a pris sa route. Heureux quand on se rencontre parfois pour se confier ses peines ou ses joies, ses espérances ou ses désillusions ! Les rides sont venues avec les soucis et le travail, mais le cœur n'a pas changé, et l'on se retrouve, ainsi qu'autrefois, la main dans la main, comme avec un ami, comme avec un frère.

Le lendemain de mon arrivée était un dimanche. J'accompagnai mon ami et sa famille à la messe. Il y a plusieurs églises dans la ville ; et cependant celle où nous nous trouvions paraissait trop petite pour contenir les nombreux fidèles qui s'y pressaient. Là, chacun priait avec ferveur et recueillement, et nul bruit ne se faisait entendre ; lorsque les chants avaient cessé et que l'orgue était muet, on n'entendait que la prière du prêtre s'entretenant avec Dieu. Quelle différence avec quelques-unes de nos grandes villes !

Comme nous sortions de l'église, je remarquai une femme d'une quarantaine d'années environ, donnant le bras à une jeune fille qui pouvait en avoir vingt. La jeune fille était belle comme les anges ; sa compagne avait été belle aussi, mais ses traits semblaient avoir été altérés par la souffrance, et deux rides, pareilles à celles que creusent les larmes, descendaient le long de ses joues. Chacun la saluait avec respect, et les petits enfants lui faisaient leurs plus beaux saluts ou leurs plus belles révérences, disant en passant devant elle :

— Bonjour, tante Marguerite !

Chemin faisant, je demandai à mon ami ce que c'était que *Tante Marguerite*.

— Ah! c'est tout une histoire, me répondit-il.

— Une histoire? J'espère que tu voudras bien me la dire.

— Je te la raconterai après déjeuner, en faisant un tour de promenade sur le Cours.

Une heure après nous étions installés sur un banc de pierre, protégés contre l'ardeur du soleil par l'ombrage de beaux marronniers, et ayant devant nous un vaste paysage au milieu duquel la Saône déroulait ses anneaux.

Alors mon ami tint sa promesse et me conta l'histoire que l'on va lire.

Il y a environ une quinzaine d'années, vivaient deux jeunes filles dont chacun vantait, par toute la ville de Mâcon, la sagesse et la beauté. C'étaient deux sœurs jumelles : l'une s'appelait Catherine, et l'autre Marguerite; elles étaient filles de pauvres artisans qui suppléaient par le courage et le travail à ce que le bon Dieu leur avait refusé du côté de la fortune, et qui, bon an, mal an, finissaient par mettre les deux bouts ensemble et par vivre honorablement en aidant même quelquefois leurs voisins.

Catherine et Marguerite, mises en apprentissage, étaient

bientôt devenues d'habiles ouvrières. C'était à qui les demanderait dans la ville, et les objets qui sortaient de leurs mains étaient seuls réputés bien faits et de bon goût. Aussi, à l'âge de dix-huit ans, tout en contribuant à augmenter l'aisance de la famille depuis près de six années, avaient-elles réussi à s'amasser une petite dot. Bonnes, douces, obligeantes envers tout le monde, pleines d'affection et de respect pour leurs parents, elles se faisaient chérir de tous ceux qui les connaissaient. Ce qui faisait dire à chacun que, lorsqu'elles voudraient se marier, elles n'auraient qu'à choisir parmi les nombreux partis qui se présenteraient.

Dans le même temps, il y avait à Mâcon deux frères à peu près du même âge, que l'on donnait comme modèles à tous les jeunes gens de la ville. L'un avait reçu de l'instruction ; il tenait, en qualité d'instituteur, une des écoles primaires de Mâcon : savant, modeste, dévoué à ses devoirs, il s'occupait de ses fonctions avec toute l'ardeur de la jeunesse et consacrait à l'étude tous ses loisirs. L'autre était tonnelier de son état ; nul mieux que lui ne savait courber un cercle, cintrer une douve, assembler et arrondir une cuve : c'était un joyeux garçon, toujours chantant, toujours travaillant, et attirant les pratiques aussi bien par sa belle humeur que par son habileté.

Or il advint qu'un jour, les deux frères s'en vinrent trouver les parents des deux sœurs jumelles. L'instituteur demanda Marguerite, le tonnelier demanda Catherine.

Quelque temps après, à la chapelle de la Vierge de l'antique cathédrale, on célébrait une double union. Ce fut un jour de fête pour toute la ville ; il y avait dans l'église plus de monde que la chapelle n'en pouvait contenir ; et quand les époux sortirent de la cathédrale, ils durent traverser une double haie de bourgeois et d'artisans, d'hommes, de femmes et d'enfants, qui tous leur souhaitaient autant de bonheur qu'ils avaient su s'attirer d'estime et d'affection.

Qu'elles étaient belles, ce jour-là, avec leur costume exactement pareil, la jupe de drap bleu, le corset galonné de broderies rouges, le petit chapeau de feutre coquettement posé sur le côté droit de la tête ! Et eux, comme ils avaient l'air brave et fier, avec leurs longues vestes de drap marron, le gilet bleu, les guêtres de cuir, le chapeau à larges bords ! Comme ils paraissaient heureux en regardant leurs douces et belles fiancées !

Avant leur mariage, les deux frères habitaient la même maison. Le rez-de-chaussée était divisé en deux : d'un côté la boutique du tonnelier, de l'autre l'école. A l'étage supérieur, aucune séparation : une chambre pour chacun

des deux frères, et une salle commune où ils se trouvaient aux heures de repas et de loisir. Rien ne fut changé
à ces dispositions; seulement les chambres devinrent plus
propres et plus coquettes, la maison plus gaie, et souvent,
du premier étage au rez-de-chaussée, on entendit des
voix jeunes et joyeuses qui répondaient aux chansons du
tonnelier.

Une année s'écoula ainsi, une de ces années de bonheur
qui passent si vite dans la vie. Catherine était devenue
mère. Marguerite n'était point jalouse de ses joies : en
attendant que le ciel comblât aussi ses désirs, et qu'elle
eût à son tour un petit ange à veiller et à chérir, elle aimait
Jeanne, la fille de Catherine. L'enfant passait des bras de
l'une sur les genoux de l'autre, et nul n'eût pu dire celle
des deux sœurs qui était véritablement sa mère.

Un soir, quoique l'heure du repos eût sonné depuis
longtemps et que les rues de la ville fussent devenues désertes et silencieuses, il y avait de la lumière dans la boutique de maître André le tonnelier; celui-ci s'escrimait
de son maillet sur les cercles d'une cuve : il s'agissait d'une
commande pressée et qu'il devait livrer le lendemain, dût-
il passer la nuit pour l'achever. Son frère veillait aussi et
lisait auprès de lui. Au premier étage, tout était calme et
silencieux; les deux sœurs reposaient chacune de leur

côté. Cette nuit-là, sous le prétexte que Catherine était plus fatiguée que de coutume, Marguerite avait emporté le berceau de l'enfant et l'avait placé auprès de son lit.

— Frère, dit maître André, qui avait interrompu un instant son travail pour essuyer la sueur qui coulait de son front, n'est-ce pas que nous sommes bien heureux, et que nous devons bénir et remercier la Providence? Que le ciel t'accorde un fils, et nous n'aurons plus rien à désirer!

— Oh! oui, nous sommes bien heureux! reprit Étienne, si heureux que cela me donne parfois de tristes pensées.

— Je ne te comprends pas, frère.

— S'il allait nous arriver quelque malheur!

— Allons donc, frère, tu es ce soir triste comme un savant.

Puis, après avoir dit ces paroles, André fredonna un refrain joyeux et se retourna brusquement pour aller reprendre sa besogne; mais, dans le mouvement qu'il fit, sa veste atteignit la lampe placée sur le bord d'une table. La lampe tomba sur un énorme tas de copeaux et de débris de bois, et s'éteignit.

— Bon! nous voilà dans l'obscurité, maintenant!

— Allons! tu te lèveras demain avec le jour; en voilà assez pour ce soir. Tu as beau être fort et robuste, mon bon André, tu finiras par te fatiguer.

— Le bonheur qui m'environne, vois-tu, Étienne, me donne du cœur à l'ouvrage et m'empêche de songer à la fatigue. Mais tu as raison, regagnons nos chambres : il est tard, et j'aurai le temps d'achever ma commande demain matin, avant l'heure où je me suis engagé à la livrer.

— Bonsoir, André !

— Bonsoir, mon bon Étienne ! Et surtout plus de tristesse, plus de vilaines pensées !...

Et les deux frères se séparèrent après avoir échangé un dernier serrement de main.

Hélas ! pourquoi ne revinrent-ils pas sur leurs pas ? Pourquoi aucun d'eux n'eut-il la pensée de s'assurer si, lors de la chute de cette lampe, une étincelle n'avait pas jailli au milieu des débris de bois qui jonchaient le sol de l'atelier ?

Ils dormaient !... et l'incendie s'étendait au-dessous d'eux !

Cependant, la flamme a gagné tout le rez-de-chaussée ; l'atelier n'est plus qu'un vaste foyer qui projette ses lueurs sinistres sur les maisons environnantes.

Tout à coup l'alarme est donnée et ces cris retentissent :

— Au feu !... au feu !...

Étienne, André, Catherine et Marguerite s'éveillent enfin

à ces clameurs. Tout leur révèle l'horrible danger qui les menace : déjà la fumée les aveugle et les suffoque ; le sol est brûlant sous leurs pas. Que faire?... que devenir?...

Éperdus d'inquiétude et d'effroi, les deux frères s'élancent vers l'escalier ; mais la flamme s'étend déjà de ce côté, et cette voie de salut leur paraît trop périlleuse. Alors ils se hâtent d'ouvrir les fenêtres et d'appeler au secours.

Quelques voisins sont déjà devant la maison ; d'autres accourent de toutes parts. Mais les secours s'organisent lentement... Et l'incendie gagne toujours !

En ce moment, la petite Jeanne poussa un faible gémissement. Elle était demeurée dans son berceau auprès du lit de Marguerite.

Tandis que Catherine, folle de désespoir, s'attachait aux pas de son mari et poussait des cris déchirants, Marguerite avait conservé son sang-froid et sa présence d'esprit : elle veillait sur l'enfant, épiait son sommeil et attendait le moment de la délivrance pour fuir avec elle. Le vagissement de la petite Jeanne arriva jusqu'à son oreille au milieu du tumulte et du bruit ; elle courut vers l'enfant, qui s'était éveillée, et la prit dans ses bras. Comme elle allait rentrer dans la chambre de Catherine, elle vint à passer devant la porte qui donnait accès sur l'escalier. Alors une idée soudaine s'empara d'elle : sans calculer le dan-

ger, elle commença à descendre les degrés à travers les
flammes qui l'environnaient. Ce fut un horrible moment;
l'escalier, déjà à moitié consumé, vacillait sous ses pas;
le feu s'attachait à ses vêtements et lui brûlait cruellement
le visage. Serrant son précieux fardeau contre son sein,
elle l'enveloppait dans les plis de sa robe et lui faisait un
rempart de ses bras. Arrivée aux dernières marches, Marguerite fut sur le point de renoncer à son projet et de revenir sur ses pas : une fournaise ardente s'étendait devant
elle, et il lui paraissait impossible de la franchir et de gagner la porte de la maison; mais, à cet instant, des coups
violents, frappés du dehors, ébranlèrent cette porte, qui
céda bientôt et s'ouvrit; alors Marguerite s'élança d'un
bond à travers les flammes et vint tomber évanouie au
milieu de la foule. On s'empressa autour d'elle et on la
transporta dans une maison voisine; elle avait d'horri-
bles blessures; mais la petite Jeanne était saine et sauve,
et le feu ne l'avait pas même atteinte.

Cependant Étienne et André, des fenêtres où ils se
trouvaient, avaient été témoins du dévouement de Marguerite; ils résolurent de tenter après elle ce moyen de salut,
se reprochant d'y avoir précédemment renoncé. André prit
Catherine dans ses bras et ils gagnèrent ainsi l'escalier;
mais, au moment où ils venaient de s'y engager, les mar-

ches, à demi consumées, s'affaissèrent sous leur poids, et ils furent précipités au milieu des poutres et des débris enflammés.

Des hôtes de cette maison, si heureux quelques heures auparavant, il ne restait plus qu'une pauvre veuve et une orpheline, Jeanne et Marguerite !

Quand Marguerite connut l'affreux malheur qui venait de la frapper, on crut que la raison allait l'abandonner pour toujours : elle demeura longtemps en proie à une fièvre ardente, tantôt appelant dans son délire les êtres chéris qu'elle ne devait plus revoir, leur parlant comme s'ils étaient encore à ses côtés ; tantôt tombant dans un muet abattement, l'œil morne et fixe, sans regard et sans pensée.

Enfin on eut l'idée d'apporter sur son lit la pauvre petite Jeanne. Le regard de Marguerite rencontra l'enfant ; alors il s'opéra en elle une révolution soudaine ; elle se souvint !... et, pressant l'orpheline dans ses bras, elle éclata en larmes et en sanglots.

— Je vivrai ! s'écria-t-elle... Pauvre enfant ! ne faut-il pas que je sois ta mère ?

A partir de ce jour, Marguerite revint promptement à la santé et à la vie ; mais sa jeunesse s'en était allée avec son bonheur : ses cheveux étaient devenus blancs et des rides sillonnaient son visage.

L'existence entière de Marguerite fut consacrée à Jeanne. De quels tendres soins, de quel dévouement elle entoura son enfance ! Elle travaillait avec ardeur pour subvenir à tous ses besoins ; son courage égalait son amour.

Grâce à l'intérêt que chacun lui portait dans la ville, Marguerite eut bientôt plus d'ouvrage qu'elle n'en pouvait faire.

C'est alors qu'elle conçut un projet pieux et utile, celui de recueillir toutes les pauvres orphelines et de leur ouvrir un asile. Quelques personnes l'aidèrent dans l'accomplissement de ce dessein ; bientôt la maison d'Étienne et d'André se trouva réparée, et Marguerite vint s'y installer avec Jeanne et quelques pauvres jeunes filles qu'elle avait déjà réunies autour d'elle.

Tout réussit au gré des désirs de Marguerite. A mesure que sa petite famille devenait plus nombreuse, l'ouvrage augmentait aussi et lui créait des ressources suffisantes pour continuer son œuvre et la développer.

Jeanne avait grandi au milieu de ses jeunes compagnes ; de toutes, elle était la plus docile, la plus attentive, la plus assidue au travail.

Comme elle rendait à Marguerite toute l'affection qu'elle en avait reçue ! Elle l'aimait comme on aime sa mère !

Lorsque Jeanne parlait à sa mère adoptive, elle l'appelait *Tante Marguerite :* ce fut aussi le nom que toutes les petites filles du pieux asile donnèrent à leur bienfaitrice.

Depuis lors, la vie de *Tante Marguerite* s'écoule, entre la prière et le travail, dans l'exercice de la plus douce charité. Chacun ici l'aime et la vénère ; partout, sur son passage, elle recueille des marques d'affection et de respect.

Jeanne est devenue jeune fille ; elle est la seconde mère des orphelines. Quand on lui demande si elle se mariera quelque jour, elle entoure sa mère adoptive de ses bras, et, la couvrant de caresses, les regards tendrement attachés sur les siens, elle répond avec une douce fermeté :

— Je ne quitterai jamais *Tante Marguerite !*

Telle est la simple et touchante histoire que me conta mon ami.

Au moment où il achevait son récit, une vingtaine de jeunes filles s'avançaient à quelque distance : c'étaient *Tante Marguerite* et ses enfants qui venaient prendre leur récréation sous les beaux arbres de la promenade.

Pauvres orphelines ! comme elles entouraient leur bienfaitrice avec amour! comme elles paraissaient heureuses de ses caresses et de ses moindres regards!

De mon voyage en Bourgogne, il est un souvenir qui est resté profondément gravé dans mon cœur.

C'est celui de *Tante Marguerite*.

SOUVENIRS DE LA SUISSE

LA BOUQUETIÈRE DE BERNE

J'étais depuis huit jours à Mâcon, goûtant les douceurs d'une franche et cordiale hospitalité ; j'avais déjà vu ce que la ville renferme de remarquable, les églises, l'Hôtel de Ville, l'ancien palais épiscopal ; j'avais également parcouru tous les environs et visité les ruines des célèbres abbayes de Cluny et de Tournus : bref, ma curiosité de touriste était amplement satisfaite, et je n'avais plus qu'à me reposer en attendant l'heure du départ.

Un matin que, la tête bien enfoncée dans mon oreiller, mes rideaux soigneusement tirés pour affaiblir l'éclat de la lumière, je dormais de ce demi-sommeil si plein de rêves heureux, de douces et riantes images, je me sentis tiré brusquement par le bras, et en même temps ces mots vinrent frapper mon oreille :

— Allons donc, paresseux ! le soleil est levé depuis longtemps.

— C'est, sans doute, qu'il s'est couché plus tôt que moi, répondis-je en m'efforçant vainement d'ouvrir les yeux.

— Mais, malheureux ! j'ai déjà écrit cinq lettres et lu la moitié d'un volume.

— Et moi, j'ai fait bien mieux que tout cela, sans me donner autant de peine : j'ai vu Genève et son lac, Lausanne, Fribourg et Berne. Tu m'as éveillé au moment où j'entrais dans Soleure. Quelques instants encore, et je parcourais toute la Suisse.

— Vraiment?

— Figure-toi, mon cher, que j'ai fait le rêve le plus délicieux que l'on puisse imaginer : nous voyagions ensemble dans l'antique Helvétie, visitant les villes, gravis-

sant les collines, nous reposant dans les chalets. Tiens!
j'ai encore dans les oreilles le tintement des clochettes, les
mugissements des troupeaux, les refrains des bergers, le
ranz des vaches même...

— Et que penserais-tu si ce n'était point un rêve?

— Que veux-tu dire?

— Que tu possèdes le don de *seconde vue.*

— Explique-toi, de grâce !

— Il y a environ six mois, un cousin, que je n'ai jamais connu, m'a laissé en Suisse un petit héritage : quelques arpents de terre et une maisonnette. Il paraît qu'on
a besoin de ma présence pour terminer les affaires, car je
viens de recevoir une lettre qui m'appelle à Berne.

— Et tu pars?

— Oui, et avec toi.

— Mais...

— Allons ! tu n'as aucun empêchement, aucune raison pour motiver un refus. Ainsi donc, tu acceptes?

— C'est dit. Et quand partons-nous?

— Mais dès que tu seras prêt et que nous aurons dé-
jeuné.

Deux jours après nous étions à Genève.

La situation de Genève est des plus heureuses et des

plus pittoresques : d'un côté la ville s'appuie sur le mont
Salève, de l'autre elle s'étend jusqu'au lac; sur la droite,
se déroule une longue suite de hautes montagnes aux
sommets neigeux ; à gauche, on aperçoit des collines boi-
sées dont les flancs sont pavoisés d'élégantes villas. Si l'on
se tourne vers le lac, on le voit se perdre dans un immense horizon ; une foule d'embarcations sillonnent ses
flots et transportent sur ses rives de nombreux voyageurs.
Parfois, le soir, le lac s'illumine et retentit de chants
joyeux ; les barques, brillamment pavoisées et munies de
lanternes, se croisent en tous sens, et portent doucement
sur les flots paisibles une foule élégante de promeneurs.

On dirait Venise la Belle.

L'intérieur de la ville n'offre rien de bien remarquable.
On a tout vu quand on a visité le tombeau du maréchal de
Rohan dans l'église de Saint-Pierre, et la maison où est
né Jean-Jacques Rousseau.

En revanche, les environs de la ville sont très-pitto-
resques et offrent des promenades délicieuses. Les plus
fréquentées sont celles de Ferney et de Coppet.

A Ferney, on visite le château où Voltaire est venu
passer les vingt dernières années de sa vie. Un vieux
concierge vous montre le cabinet de travail du grand
écrivain, et ne manque pas de vous présenter, comme

des objets dignes de toute votre vénération, *la canne et la perruque de M. de Voltaire*. Cette canne et cette perruque sont toujours à vendre; vendues et emportées un nombre indéterminé de fois, elles se retrouvent toujours à la même place dans le cabinet de M. de Voltaire.

On vous montre aussi, dans le parc, l'arbre sous lequel Voltaire a écrit sa dernière tragédie; vous pouvez même, moyennant une rétribution proportionnée à la grandeur du morceau, détacher avec votre couteau un fragment de l'écorce de cet arbre. Quand un arbre du parc est entièrement privé de son écorce, le concierge passe à un autre, et le tour est joué.

Ce qui, pour le voyageur sérieux, a plus d'intérêt que toutes ces niaiseries, c'est une petite chapelle où l'on voit un monument avec cette inscription latine : « *Deo erexit* « *Voltaire,* » ce qui veut dire : « *Voltaire a élevé ce* « *monument à Dieu.* »

Voilà la meilleure réfutation de toutes les attaques de Voltaire contre Dieu et contre la religion ; et cette réfutation, c'est lui-même qui l'a écrite en trois mots.

Le château de Coppet rappelle le souvenir de la plus célèbre des femmes auteurs, de la baronne de Staël.

Madame de Staël eut une vie étrange et agitée. Elle était fille de Necker, ministre du roi Louis XVI ; sa mère était une femme aussi célèbre par sa beauté que par ses vertus et surtout par son inépuisable bienfaisance. Devenue l'épouse du baron de Staël, ambassadeur de Suède en France, madame de Staël resta à Paris pendant la Révolution; elle osa envoyer à la Convention un mémoire écrit par elle en faveur de la reine. Son influence grandit sous le Directoire; on voyait dans ses salons les hommes les plus éminents non-seulement dans les lettres, dans les arts et dans les sciences, mais aussi dans la politique. Exilée deux fois, sous le Consulat et sous l'Empire, à cause de l'opposition qu'elle ne cessait de faire au nouveau gouvernement, madame de Staël parcourut successivement toute l'Europe, fuyant les armes victorieuses et le ressentiment de Napoléon. Enfin elle vint mourir à Paris, après la chute de l'Empire.

A Ferney, le cœur reste froid et indifférent; mais à Coppet, on trouve des vieillards qui se souviennent et qui vous parlent, les larmes aux yeux, des vertus de la famille Necker, de la bonté touchante et de la bienfaisance de madame de Staël. C'est que l'auteur de *Corinne* n'était pas seulement un grand écrivain, elle avait aussi reçu en partage ces qualités du cœur qui font la gloire de son sexe, tout ce qui inspire le respect, la reconnaissance et l'affection : elle savait aimer, elle aimait à donner, et, oublieuse de ses peines et de ses maux, elle avait toujours, pour les souffrances et pour les malheurs d'autrui, des larmes qui consolent ou des paroles qui rendent le courage et l'espérance. Heureux ceux qui laissent derrière eux de tels souvenirs !

Après avoir accompli ces deux excursions, nous revînmes à Genève où nous arrivâmes assez à temps pour prendre le bateau à vapeur de Lausanne.

Dans la traversée de Genève à Lausanne, on jouit de magnifiques points de vue : d'un côté les plaines verdoyantes, les beaux pâturages et les vignobles du canton de Vaud, appuyés au pied du Jura; de l'autre, l'immense chaîne des Alpes dont les sommets couverts de glaces, étincellent au soleil et empruntent à ses rayons une resplendissante auréole. Au-dessus de toutes ces hautes montagnes, s'élève le mont Blanc, dont le front orgueilleux va se perdre dans les nuages.

Après avoir dépassé Nyon, notre bâtiment s'arrêta quelques instants à Vuflans, où descendaient quelques voyageurs.

— Vois-tu, Henri, dis-je à mon ami, ces ruines qui s'élèvent aux flancs de la colline?

— On dirait d'un ancien manoir gothique, me répondit-il.

Un voyageur qui était assis sur le pont à côté de nous, et qui, depuis une heure, parlait allemand avec un de ses voisins, se tourna alors vers moi et me dit en très-bon français :

— Ces ruines sont celles d'un ancien château de la reine Berthe.

— De Berthe la Fileuse ?

— Oui, monsieur. Vous entendrez souvent parler de la reine Berthe dans ce pays, depuis Genève jusqu'à Soleure. Il y a plus de neuf siècles qu'elle repose dans la tombe, et son souvenir est encore vivant dans tous nos cantons.

— C'est sans doute qu'elle y a fait beaucoup de bien, répondis-je. — La vertu, la bonté, la charité, ont aussi leurs souvenirs de gloire et leurs annales ; ces souvenirs se transmettent de génération en génération, et souvent ils laissent plus de traces parmi les hommes que la mémoire des plus illustres conquérants.

Le bateau avait continué sa route. Bientôt nous atteignîmes Oulchy ; là, nous mîmes pied à terre et nous prîmes la voiture qui conduit à Lausanne.

Lausanne est le chef-lieu du canton de Vaud ; c'est une petite ville riante et pittoresque qui a vue sur le lac, la plaine et les montagnes. Elle possède des monuments

curieux, entre autres une magnifique cathédrale gothique
et un pont formé de trois rangs d'arcades, qui rappelle le
fameux pont du Gard.

Nous ne fîmes que traverser cette ville et nous nous
mîmes immédiatement en route pour Fribourg.

Dans la voiture où nous avions pris place, se trouvait un habitant de Fribourg; il nous parla du fameux
Ermitage de la Madeleine, et ce qu'il nous en dit
nous donna le plus vif désir de le visiter; il s'offrit
alors fort obligeamment à nous servir de guide et de
cicérone.

Nous quittâmes donc notre véhicule, deux lieues environ
avant d'arriver à Fribourg, et nous nous engageâmes dans
un chemin de traverse. C'était un rude chemin, grimpant
au flanc de la montagne, et si raide quelquefois, que nous
étions obligés, Henri et moi, de nous aider tant soit peu
de nos mains. Quant à notre compagnon, il semblait que
ses pieds s'attachassent au sol comme des crampons;
il riait de nos efforts, ne ralentissant sa marche que lorsqu'il était obligé de nous attendre.

Nous arrivâmes ainsi au pied d'un roc énorme, espèce
de mamelon qui se détache du reste de la montagne.

— Nous voici à l'Ermitage, nous dit notre guide.

— Mais je ne vois rien que ce rocher à pic, lui répon-

14

dis-je, et j'espère bien que vous n'allez pas essayer de nous le faire gravir !

— Il faudrait être chamois, reprit Henri, pour tenter une pareille entreprise !

— Ou Suisse, ajoutai-je.

Notre compagnon, sans s'inquiéter de nos plaisanteries, fit quelques pas, et nous montrant un escalier taillé dans le roc, commença à en gravir les degrés.

Cette fois, le chemin était plus facile. Cet escalier nous conduisit à une plate-forme, couverte de terre végétale, avec des arbres et des fleurs : un véritable jardin, une oasis au milieu de ce désert. Sur cette terrasse se trouvaient une vieille femme et un jeune garçon occupés à planter des légumes : c'étaient les gardiens du lieu.

La vieille femme, après force révérences, s'engagea dans une espèce d'ouverture assez semblable à l'orifice d'une cave. Au bout de quelques marches, nous arrivâmes dans une pièce spacieuse, taillée dans le roc ; de là, nous passâmes dans un étroit corridor. La vieille femme ouvrit une porte, et nous nous trouvâmes dans une chapelle souterraine, longue de quatorze mètres, large de dix, haute de six environ.

Au fond de cette chapelle, s'élève un autel formé d'un bloc de rocher et orné de fleurs. A droite et à gauche de l'autel sont deux portes : l'une donne accès dans une petite sacristie ; l'autre mène au clocher, un clocher comme il y en a peu, qui se contente modestement d'arriver à la surface de la terre et finit à l'endroit où les autres commencent d'ordinaire. Il n'en a pas moins vingt-deux mètres de hauteur dans l'intérieur du roc ; il se termine, un peu au-dessus du sol, par un petit toit rustique qui sert d'abri à deux cloches.

Cette église souterraine, semblable à celle où les premiers chrétiens se réfugiaient pour prier Dieu, avait grandement excité notre étonnement et notre curiosité. Était-ce la nature qui avait disposé ces grottes ? Avaient-elles servi de retraite aux catholiques pendant ces guerres religieuses dont la Suisse fut longtemps le théâtre ?

Notre guide, après avoir écouté nos questions avec un flegme tout allemand, nous conta l'histoire suivante :

Vers le milieu du dix-huitième siècle, un paysan de Gruyère, nommé Jean Dupré, résolut de vivre en ermite jusqu'à la fin de ses jours. Après avoir longtemps cherché le lieu où il se retirerait, il avisa cette masse de rochers. Pendant vingt ans, il travailla patiemment à creuser l'église et la demeure souterraines que nous venons de visiter, ne vivant que de pain et d'eau, et n'interrompant pas un seul jour son pénible labeur.

Au bout de vingt ans, son œuvre était à peu près achevée. Mais voilà que ce travail extraordinaire attira au pauvre ermite de nombreux visiteurs; force lui fut de satisfaire leur curiosité et de leur faire les honneurs de sa demeure singulière : c'est ce qui causa sa mort.

Un grand nombre de curieux venaient par la vallée de Gotteron, qui est en même temps le chemin le plus court et le plus pittoresque; mais, pour arriver à l'ermitage, il leur fallait traverser la Sarine, petite rivière que vous voyez devant vous, au pied du rocher. Le complaisant ermite aplanit la difficulté : il se procura une barque, et, chaque fois que des visiteurs arrivaient de ce côté, il quittait la pioche et prenait la rame pour les passer d'un bord à l'autre. Or, un jour qu'il conduisait ainsi une bande de jeunes gens venus de Fribourg, un d'eux fit chavirer la barque par un brusque mouvement; le pauvre ermite se noya.

Après une bonne heure de marche au milieu d'un paysage richement accidenté, nous aperçûmes Fribourg s'élevant en amphithéâtre le long d'une montagne escarpée, et semblable à l'aire d'un oiseau de proie. Avec ses édifices échelonnés depuis le bas du vallon jusqu'à la crête des rochers, cette ville a un aspect bizarre et fantastique. Sur la gauche, la montagne est coupée brusquement en deux parties par une espèce de précipice au fond duquel roulent les eaux fangeuses de la Sarine. Un ingénieur français a jeté, au-dessus de ce précipice, un pont suspendu en fil de fer, qui est l'ouvrage le plus curieux et le plus hardi qu'on ait encore exécuté en ce genre.

Après avoir traversé ce pont, nous arrivâmes à une place au milieu de laquelle s'élève un arbre colossal, appelé le *Tilleul de Morat*. Ce tilleul est pour la ville un glorieux monument.

En 1476, Fribourg envoya, pour prendre part à cette célèbre bataille de Morat, dans laquelle Charles le Téméraire fut si cruellement défait, quatre-vingts jeunes gens, les plus braves et les plus forts de la ville. Ceux-ci, pour se reconnaître entre eux pendant la mêlée, avaient orné leurs coiffures de branches de tilleul. Aussitôt la bataille gagnée, un de ces jeunes gens partit pour Fribourg et courut sans s'arrêter jusqu'à ce qu'il fût arrivé dans la ville; comme le soldat de Marathon, il tomba mort de fatigue en criant : « Victoire ! » et en agitant sa palme de tilleul. C'est cette branche qui, plantée à l'endroit même où il mourut, produisit, dit-on, l'arbre que l'on voit aujourd'hui.

De là, nous nous rendîmes à la cathédrale par un escalier d'une raideur inouïe. Disons, en passant, qu'en fait de rues, Fribourg ne possède guère que des escaliers ; quelques-uns ont plus de deux cents marches.

La cathédrale de Fribourg est très-remarquable extérieurement ; sa haute tour, svelte et pleine d'élégance, domine de sa couronne dentelée tous les clochers des églises et des couvents de la ville ; elle a, dit-on, près de cent quarante mètres d'élévation. On admire aussi le portail de l'entrée principale, dont les sculptures représentent le Jugement dernier.

A l'intérieur de l'église, on remarque une chaire gothique d'un beau travail, et l'orgue d'Aloysius Mooser, le plus grand et le plus beau qui soit au monde.

Cet orgue, c'est la vie tout entière d'un homme.

A près de quatre-vingts ans de date, il y avait, à Fribourg, un tout petit enfant qui n'avait d'autre plaisir et d'autre rêve que d'entendre, le dimanche, les orgues de la cathédrale ; lorsqu'elles parlaient, il lui semblait entendre la voix des anges chantant leurs hymnes sans fin au pied du trône du bon Dieu ; alors il fermait les yeux et se croyait dans le ciel. L'enfant grandit, et à force de prendre plaisir à entendre les orgues, il voulut en faire aussi ; il se mit à parcourir l'Europe, travaillant chez les maîtres

les plus habiles, étudiant et comparant tous les instruments
de ce genre qu'il rencontrait. Or, un jour, — il était devenu homme alors et avait gagné dans ses voyages beaucoup de science et de renommée et aussi un peu d'argent,
— Aloysius Mooser apprit que la foudre avait anéanti les
orgues de Fribourg, et que les petits enfants ne pouvaient
plus entendre les voix célestes qui avaient si doucement
bercé ses premières années. A cette nouvelle, il revint dans
sa patrie et proposa de faire un orgue, mais un orgue plus
beau que toutes celles qu'il avait vues, un orgue tel qu'aucune cathédrale n'en aurait jamais possédé de pareil. Il
demandait seulement qu'on lui fournît les matériaux ; il ne
réclamait aucun salaire : on accepta ; il commença son
œuvre et y consacra plus de la moitié de sa vie.

Lorsqu'on entend les mille voix de cet orgue, on reste
plongé dans une extase profonde. Mooser y a véritablement réalisé le rêve de son enfance : ce ne sont pas les
orgues qui parlent, ce sont les concerts mêmes des anges,
dont les ineffables accords descendent jusqu'à la terre.

Après une visite rapide aux autres églises et aux couvents de la ville ; nous regagnâmes, harassés de fatigue,
la demeure de notre aimable compagnon de route. Il avait
voulu justifier, à notre égard, la réputation d'hospitalité
des habitants de Fribourg.

— Quel dommage que vous ayez décidé de partir demain pour Berne ! nous dit notre amphitryon après un bon dîner qui avait complétement réparé nos forces. Je vous aurais conduit à Payerne?

— Et qu'est-ce que Payerne?

— Payerne?... mais c'est une ville située à peu de distance de Fribourg.

— Et que renferme-t-elle de curieux?

— Le tombeau de la reine Berthe. Allons ! c'est décidé, vous viendrez demain à Payerne; cela ne vous retardera pas, car vous retrouverez dans cette ville une route qui vous conduira directement à Berne.

Le lendemain nous étions à Payerne.

A Payerne, on n'entend parler que de la reine Berthe et du temps où elle filait. Or, dans ce temps-là, les hommes étaient, à ce qu'il paraît, plus heureux qu'aujourd'hui. Peut-être cela vient-il de ce qu'ils étaient meilleurs !

C'était donc l'âge d'or du pays de Vaud, *que le temps où la reine Berthe filait;* les médecins guérissaient sans se faire payer, les aubergistes ne présentaient jamais de carte au voyageur; surtout il n'y avait pas de procès, et partant, pas d'avocats. La reine Berthe, voyageant sur sa haquenée, sa quenouille fixée à l'un des côtés de sa selle, allait de pays en pays, visitant ses peuples, donnant aux pauvres, instruisant les riches, et apaisant, par le seul effet de sa parole, tous les ressentiments et toutes les querelles. Quelquefois, dit la chronique, elle venait se reposer près des bords du lac de Thun, dans son château de Stratlingen. Là, pendant que Rodolphe, son époux, se livrait à ses projets ambitieux et songeait à ajouter l'Italie à son royaume de Bourgogne, Berthe rêvait au bonheur de ses sujets, et quittant un instant sa quenouille, chantait, en s'accompagnant de son luth, de doux et tendres refrains. Le peuple venait sous ses fenêtres écouter ses chansons et les redisait à son tour. Tout le monde chantait dans ce petit royaume ; tout le monde était heureux : c'était *le temps où la reine Berthe filait !*

Après être devenue veuve de Rodolphe, Berthe quitta la Bourgogne Transjurane pour aller épouser Hugues, roi d'Italie. Au moment de mourir, elle se ressouvint du pays qu'elle avait tant aimé, et voulut être enterrée à Payerne. Son tombeau, découvert il y a quelques années, sous les ruines de la vieille cathédrale, a été transporté dans l'église paroissiale, où il est aujourd'hui.

On y lit, sur une table de marbre noir, une inscription latine, dont voici la traduction :

A LA PIEUSE MÉMOIRE DE BERTHE, EXCELLENTE ÉPOUSE DE RODOLPHE II,

ROI DE LA PETITE BOURGOGNE.

CHACUN BÉNIT SON NOM. SA QUENOUILLE EST UN EXEMPLE.

ELLE FONDA DES ÉGLISES,

FORTIFIA DES CHATEAUX, OUVRIT DES ROUTES, FIT CULTIVER LES

CAMPAGNES ET NOURRIT LES PAUVRES.

ELLE FUT LA MÈRE ET LES DÉLICES DE LA PATRIE TRANSJURANE.

SON SÉPULCRE

AYANT ÉTÉ RETROUVÉ EN L'AN MDCCCXVIII,

LE SÉNAT ET LE PEUPLE VAUDOIS,

FILS RECONNAISSANTS, L'ONT RESTAURÉ RELIGIEUSEMENT EN SOUVENIR

DES BIENFAITS REÇUS PAR LEURS PÈRES.

Nous prîmes congé de notre aimable Fribourgeois, et, quittant Payerne, nous nous dirigeâmes directement vers Berne. Nous arrivâmes dans cette ville à la chute du jour, et nous nous hâtâmes de nous faire indiquer une auberge.

On nous conduisit à un hôtel d'assez belle apparence. Au-dessus de la porte, et pour servir d'enseigne, on voyait un immense tableau, passablement peint, et représentant une jeune fille en costume bernois, portant des corbeilles remplies de fleurs. Sous le tableau, et en lettres énormes, on lisait ces mots :

A LA BOUQUETIÈRE DE BERNE.

Nous entrâmes, et bientôt nous nous trouvâmes assis

auprès d'un bon feu, en face d'une table convenablement servie.

Nous étions, à cette heure, les seuls hôtes de la maison ; aussi l'aubergiste s'occupa-t-il de nous avec un soin scrupuleux, veillant à ce que nous ne manquassions de rien, et prévenant nos moindres désirs. C'était un beau vieillard, à l'air franc et ouvert, à la figure douce et bienveillante ; nous eûmes bientôt fait connaissance. Pour nous assurer encore davantage de ses sympathies, nous lui demandâmes, à la fin du dîner, d'aller nous chercher dans sa cave quelques bouteilles de son meilleur vin ; puis nous le priâmes d'apporter un troisième verre et de boire avec nous à la prospérité de la France et de la Suisse.

Il approcha son siége des nôtres, et nous nous mîmes à causer.

— A propos, lui dis-je dans un moment où la conversation languissait, une chose m'a frappé en entrant dans cet hôtel : c'est votre enseigne. Savez-vous que vous avez là un superbe tableau, qui doit, si je ne me trompe, attirer l'attention des voyageurs.

— Cette enseigne, répondit le vieillard, c'est un souvenir.

— Un souvenir ! c'est-à-dire une histoire que vous allez nous raconter.

— Volontiers, répondit-il ; cela vous aidera à passer la soirée.

Et il nous raconta l'histoire suivante.

Un soir de l'année 1798, un mouvement inaccoutumé se faisait remarquer dans la ville de Berne : des groupes nombreux stationnaient sous les arcades sombres et voû-tées qui avancent sur le rez-de-chaussée de ses maisons, tandis que, sur le milieu de la chaussée, des troupes d'hommes armés passaient par intervalles, se dirigeant du côté de la grande place. De temps en temps, on en-tendait le roulement du tambour. A cet appel, quelques portes s'ouvraient et donnaient passage à des bourgeois qui se mettaient à courir malgré le poids de leur lourde épée et de leur carabine. On entendait derrière eux comme des mots d'adieu, des exclamations douloureuses, des plaintes, des sanglots que les portes étouffaient en se refermant ; puis, un seul bruit s'élevait dans cette foule et se mêlait au bruit des pas, arrivant ou s'éloignant par degrés : c'était un murmure vague et confus de voix par-lant bas ; murmure triste et solennel à la fois, bruit silen-cieux et grave, comme il s'en produit dans les grandes cités aux heures de trouble et de danger.

Il s'agissait, en effet, pour la ville et pour le pays, d'un danger immense.

A cette époque, la France, longtemps menacée au milieu de ses désordres civils et de l'anarchie révolutionnaire, faisait tête à ses nombreux ennemis, et, menaçante à son tour, jetait sur l'Europe étonnée de vaillantes armées, prêtes à venger nos outrages et nos défaites : Jourdan, à l'armée de Sambre-et-Meuse, et Moreau, à l'armée du Rhin, reprenaient l'offensive, tandis que Bonaparte, ce jeune général dont la gloire naissante faisait déjà pâlir toutes les renommées, chassait devant lui les troupes autrichiennes, conduisait son armée de victoire en victoire et établissait la domination française en Italie.

Le goût des conquêtes vint avec la victoire.

La Suisse, jusque-là respectée par nos armées à cause de la neutralité qu'elle avait gardée, fut tout à coup envahie par ordre du Directoire : trente mille hommes, commandés par le général Brune, entrèrent dans le pays de Vaud.

Au moment où commence cette histoire, l'armée française, après avoir conquis le pays de Vaud en quelques jours, s'avançait rapidement sur le territoire de Berne et se dirigeait vers la ville. Là se trouvait un riche trésor, convoité depuis longtemps par le Directoire.

A l'heure du danger, Berne avait rassemblé à la hâte toute sa florissante jeunesse et l'avait envoyée à la rencontre de l'ennemi, sous la conduite d'un d'Erlach, un des descendants de ce Rodolphe d'Erlach qui, dans le quatorzième siècle, avait repoussé les armées envahissantes de l'empereur Albert d'Autriche, et assuré, par la victoire de Laupen, l'indépendance des Bernois.

Mais les Bernois avaient dégénéré : vaincue par les Français, l'armée de Berne refusa de combattre de nouveau, se révolta contre son général, le massacra et prit honteusement la fuite.

C'était la nouvelle de ces tristes événements, et, en même temps, celle de l'approche des Français, qui s'était répandue ce jour-là dans la ville et y avait porté le trouble et la consternation.

Cependant le grand conseil s'était assemblé : on décida que les vieillards seuls resteraient pour garder la ville, et que tous les hommes valides et en état de porter les armes iraient à la rencontre de l'armée française pour essayer de lui barrer le passage.

Cependant, l'agitation allait en augmentant dans la ville; les bourgeois, en armes, continuaient à se diriger vers la grande place; déjà le tambour avait retenti plusieurs fois dans tous les quartiers, faisant un dernier appel au patriotisme des habitants.

Dans une maison sise à l'angle de la place des Greniers, se passait une scène douloureuse : un homme d'une soixantaine d'années environ, d'une haute stature, d'un beau et noble visage, prenait ses armes, bouclait son ceinturon et s'apprêtait à partir, malgré les pleurs et les prières de deux jeunes filles, dont l'une essayait de le retenir en l'enlaçant de ses faibles bras, tandis que l'autre, agenouillée à ses pieds, étendait vers lui des mains suppliantes.

— Non, Betty, non, Louise, non, mes enfants, disait le vieillard en essuyant du revers de la main une larme qui s'échappait malgré lui de ses yeux, non, je ne puis rester !... N'entendez-vous pas la voix du tambour, qui appelle aux armes les derniers défenseurs de l'indépendance de Berne? Nous sommes les fils d'une antique race qui a maintes fois donné son sang pour sa liberté : il faut partir, il faut sauver la patrie comme nos pères l'ont sauvée, ou mourir en la défendant !

— Oh ! reste, mon père ! disait Louise. Si tu allais mourir, que deviendrions-nous ?

— Nous avions deux frères, ajouta Betty ; eux aussi, ils sont partis pour aller combattre ! Que sont-ils devenus ?... Ils sont morts sans doute !

— Ou bien ils ont fui, les lâches! ils ont fui comme les autres, après avoir assassiné leur général!... Mais non, mon Dieu! continua le vieillard, tu ne permettras pas que le nom de mes pères ait été souillé d'une pareille tache! non! j'aime mieux penser qu'ils sont étendus sans mouvement sur la terre glacée, plutôt que de croire qu'ils se sont rendus coupables d'une pareille infamie!...

Il y eut un moment de silence.

Les deux jeunes filles, voyant leurs efforts impuissants, donnaient un libre cours à leurs sanglots et à leurs larmes.

Les préparatifs du père étaient terminés; il s'avança vers ses enfants, les pressa plusieurs fois sur son cœur, et les bénit en adressant à Dieu une fervente prière; puis, se dégageant de leur étreinte, et les arrêtant d'un geste plein d'autorité, il était sur le point de sortir, lorsque la porte s'ouvrit brusquement.

—Ah! c'est toi, Fritz, dit le vieillard au nouveau venu. Tu pars donc?

— Il le faut bien; il n'y a pas un vrai Bernois en état de tenir un fusil qui restera ce soir dans la ville! Cependant j'ai le cœur brisé, oncle Guillaume, car je laisse derrière moi, comme vous le savez, une femme et deux pauvres petits enfants.

— Vous le voyez, dit le vieillard en se tournant vers

ses filles, il y a d'autres douleurs que les nôtres! A cette heure, il y a des larmes dans toutes les maisons de la ville, et cependant chacun fait son devoir!

— J'étais venu, reprit Fritz, pour vous faire mes adieux. Mais quoi! ce costume, ces armes, ces paroles que vous venez de prononcer, les larmes de mes cousines..... partiriez-vous aussi?... Cependant votre âge et surtout vos fonctions de membre du Grand Conseil...

— Peuvent me permettre de rester, n'est-ce pas? ajouta le vieillard en l'interrompant brusquement. Est-ce que tu penses vraiment ce que tu viens de dire, Fritz?... Va, j'ai encore le cœur aussi ferme et la main aussi sûre que quand j'avais ton âge. Quant au Grand Conseil, il a plus besoin de bras pour la défense de Berne que de membres pour délibérer dans son sein. Marchons donc!

— Fritz! au nom du ciel, dit Betty saisissant la main de son cousin, veillez sur mon père!

— Je vous promets, cousine Betty, dit le jeune homme, que s'il lui arrive malheur, c'est que je serai mort le premier et que je ne serai plus là pour le défendre.

Ici le conteur fit une pause et vida d'un trait son verre que nous avions eu soin de remplir. Puis, après avoir fait claquer deux ou trois fois sa langue contre son palais, en signe de contentement, il reprit sa narration :

— Deux jours après, une vive fusillade retentissait un matin à quelques lieues de Berne. Toute la ville fut en émoi : le sort de Berne était en train de se décider. Du haut de la *Terrasse*, on pouvait voir, en effet, au fond de la vallée de l'Aar, des masses noires qui se heurtaient et semblaient s'étreindre comme des lutteurs : c'étaient l'armée française et les défenseurs de Berne qui se disputaient pied à pied le terrain. Mais les Français gagnaient peu à peu ; quant aux Bernois, décimés par le fer et par la mitraille, ils resserraient les débris de leurs bataillons et reculaient, le visage tourné vers l'ennemi. Le théâtre du combat se rapprochait de plus en plus ; bientôt on put distinguer les derniers héros de cette lutte inégale, qui se faisaient tuer un à un pour empêcher les ennemis de franchir le pont. Vains efforts ! dévouement inutile ! La petite cohorte diminua peu à peu, et les colonnes françaises commencèrent à déboucher autour de Berne.

Que faire ? que devenir ? Des femmes, des enfants et des vieillards restaient seuls pour défendre la ville, et une armée de trente mille hommes l'envahissait de toutes parts !

Parmi ceux qui étaient rentrés dans Berne après avoir échappé à la mort, se trouvaient Guillaume et Fritz.

Guillaume ranime le courage des habitants ; à sa voix les uns barricadent les portes et dépavent les rues, les autres montent sur les remparts : une résistance désespérée s'organise, et les vieux canons de Berne répondent au feu des assiégeants.

Mais pendant qu'on se bat avec acharnement à la porte principale de la ville, les Français découvrent une autre issue et pénètrent par un des faubourgs. Alors toute résistance devient impossible : les Bernois prennent la fuite et cherchent un refuge dans les maisons ; quelques-uns se battent en désespérés ; la plupart sont tués, les autres sont faits prisonniers.

De ce nombre fut le vieux Guillaume. Entouré de soldats français, couvert de blessures et épuisé par la perte de son sang, il refusait de se rendre ; mais son épée se brisa dans la lutte ; on se saisit de lui et il fut emmené prisonnier.

Pendant que tous ces événements s'accomplissaient, Louise et Betty étaient restées dans leur demeure. Pieusement agenouillées, elles adressaient à Dieu, pour la vie de leur père, de longues et ferventes prières.

Tout à coup on frappe à la porte.

— Ouvrez vite! au nom du ciel! je suis poursuivi!

— C'est la voix de Fritz! dit Betty.

Et elle se hâte de lui ouvrir.

Fritz, les vêtements en désordre, couvert de sang et de poussière, se précipite dans la maison et referme la porte derrière lui; puis il écoute quelque temps : des bruits de pas et de voix se font entendre; mais ils s'éloignent bientôt.

— Dieu soit loué! ils ont perdu ma trace, s'écrie-t-il.

— Fritz, vous êtes blessé? dit Betty.

— Ce n'est rien, une balle qui m'a labouré les chairs du bras; mais c'est égal, je ne pouvais plus supporter le poids de mon épée, et si vous aviez tardé à m'ouvrir, cousines, j'étais perdu.

— Et mon père?... disent en même temps les deux sœurs.

— Est-il blessé?

— Est-il...

— Rassurez-vous, répond Fritz, il vit; je crois même que ses blessures sont peu dangereuses.

— Mais qu'est-il devenu?...

— De grâce, Fritz, ajoute Betty, dites-nous où est mon père!

— Il est prisonnier, et vous ne pouvez parvenir jusqu'à lui.

Alors il leur raconte les événements de la journée et

la lutte suprême du vieux Guillaume. Lui-même, il a combattu longtemps à ses côtés ; séparé tout à coup de lui, il a été renversé et foulé aux pieds des chevaux. En attendant le moment favorable pour échapper à ses enne-mis, il a vu de loin entraîner Guillaume.

— Oh! dit Louise, j'irai me jeter aux pieds du général français; je le prierai tant, qu'il aura pitié de mes larmes et qu'il nous rendra mon père!... Fritz, approuvez-vous mon projet?... Mais vous ne répondez pas!...

— Guillaume nous commandait; on doit savoir main-tenant que c'est lui qui a organisé la résistance de la ville, et alors...

— Alors, reprend Betty, on refusera de nous le ren-dre!... alors, c'est la mort qui le menace!... Cousin Fritz, il faut le sauver!

— Le sauver!... Mais comment?

— Laissez-moi faire, j'ai mon projet. Trouvez-moi quelques hommes dévoués, prêts à seconder mes desseins ; je vous avertirai quand il sera temps d'agir.

L'hôtelier fit une nouvelle pause et vida de nouveau son verre; puis il continua son récit :

— C'était un brave homme tout de même que votre général Brune : au lieu de mettre la ville à feu et à sang, il contint ses soldats dans une discipline sévère, et rassura tout le monde par sa bonté; il se contenta de faire payer aux habitants une forte contribution de guerre, qui, jointe au trésor de Berne, s'en alla, sur le dos de onze mulets qui pliaient sous la charge, emplir les coffres du Directoire.

A cela près, personne ne fut tourmenté, et ceux qui avaient pris part à la guerre et qui étaient parvenus à s'échapper rentrèrent peu à peu dans la ville sans qu'on songeât à les inquiéter.

Le vieux Guillaume et quelques membres du Grand Conseil restèrent seuls en prison. On pensait qu'ils seraient traités sévèrement par les Français, à cause de leur haute position et de leur influence dans la ville : les uns disaient qu'ils seraient mis à mort, les autres qu'ils seraient plus probablement exilés sur quelque terre lointaine.

Cependant, le deuxième jour après l'entrée des Français, Berne avait repris son aspect accoutumé; les boutiques s'étaient rouvertes, les marchés tenaient comme d'habitude, et les habitants allaient et venaient librement dans les rues; seulement, à nos costumes nationaux se mêlaient les uniformes des soldats français.

Ce jour-là, Betty et Louise sortirent de leur demeure :

celle-ci vêtue en paysanne des environs de Fribourg, avec le grand chapeau de paille orné de longs rubans, le corsage de velours, la jupe rouge, la guimpe et le tablier de fine dentelle; la première portant le véritable costume bernois, le petit chapel de paille jaune, orné de fleurs, posé coquettement sur le côté de la tête, la chemise aux larges manches, le corselet brodé d'argent et le nœud de velours noir.

Betty et Louise tenaient chacune dans leurs mains des corbeilles pleines de fleurs; elles s'acheminèrent vers la place qui est située au pied de la prison. Cette prison, outre qu'elle renfermait le vieux Guillaume et ses compagnons, servait de caserne pour les troupes françaises.

Qu'elles étaient jolies sous leurs gracieux et élégants costumes! Officiers et soldats les entourèrent bien vite, et les deux bouquetières eurent bientôt vendu toutes leurs marchandises. Elles revinrent le lendemain et les jours suivants. On s'habitua tellement à leur présence, qu'on finit par les laisser entrer, pour vendre leurs bouquets, jusque dans la cour de la prison.

C'était là ce que voulait Betty. Elle apprit que les prisonniers pouvaient se promener dans cette cour à une certaine heure de la journée; le lendemain elle s'y trouva, vit son père et en fut aperçue. Elle s'éloigna comme il allait s'approcher d'elle. Le jour suivant, elle revint à la même heure. Ce jour-là, elle se rapprocha peu à peu du prisonnier, et, prenant un bouquet dans sa corbeille, elle le lui présenta et lui dit en passant rapidement :

— Prenez garde, mon père ! il y a un billet pour vous dans ce bouquet.

Puis elle s'éloigna.

— Tiens ! dit un soldat, voilà la bouquetière qui vient d'offrir des fleurs au prisonnier.

— En attendant, ajouta un autre, que notre général lui signe sa feuille de route pour l'autre monde, ça lui fera plaisir, à ce pauvre homme, de sentir encore une fois l'odeur des fleurs de son pays.

— Quant à moi, cela me paraît louche, dit un troisième. Si ce bouquet contenait quelque papier, quelque projet d'évasion ?... Le prisonnier est un personnage d'importance, et nous avons eu assez de mal à le prendre pour ne pas le laisser échapper.

— Il a raison ! il a raison !... répétèrent plusieurs voix.

En même temps, quelques soldats entourèrent le vieux Guillaume et lui arrachèrent le bouquet des mains, malgré son énergique résistance.

Dans la lutte, le billet s'échappa du milieu des fleurs et tomba sur le sol.

— Hé! Parisien, dit un soldat, tu sais lire, toi, dis-
nous donc ce qu'il y a là-dedans.

Celui qu'on appelait le *Parisien* prit le papier, le déplia
et lut ces mots :

« Mon père, tenez-vous prêt, vous et vos compagnons.
« Demain soir, à l'heure où la plupart des soldats des-
« cendent à la promenade, Fritz, à la tête d'une troupe
« d'amis dévoués, essayera de surprendre la prison et de
« vous délivrer. Quittez de suite la ville. Ma sœur et moi,
« nous vous attendrons sur les bords de l'Aar, avec un
« bateau. Vous nous trouverez près de la porte du bas, en
« face d'Altemberg. Tout est préparé pour assurer notre
« fuite dans les montagnes; là, nous échapperons à nos
« ennemis. »

— Pas mal tourné, dit un soldat. Que dites-vous du
billet, vous autres?

—- Il faut l'envoyer au général en chef.

— Cela lui prouvera peut-être qu'il n'y a rien de bon
à tirer de tous ces *ours* de Berne, et qu'au lieu de les
traiter si doucement, il aurait mieux fait de nous laisser
les museler un peu à notre façon.

— Et la bouquetière?... ne la laissez pas partir au
moins !

Betty n'avait pas songé à fuir. Que lui importaient

désormais la liberté et même la vie, puisqu'elle n'avait pu sauver son père ?

Une heure après, Betty était amenée au général en chef. Elle soutint son regard sans se troubler.

— C'est vous qui avez écrit ce billet, mademoiselle? lui dit le général Brune.

— Oui, général.

— Vous avez été sans doute l'instrument de quelques rebelles qui voulaient recommencer la lutte contre nous.

— Non, général; je n'avais qu'un but : sauver mon père et l'arracher à la mort.

— Mais vous l'avez perdu, au lieu de le sauver. La prison, au plus l'exil, tel était le sort qui lui était réservé; tandis que maintenant.....

— Oh! grâce! grâce pour lui ! s'écria Betty en tombant aux genoux du général. Je suis seule coupable ; seule je mérite la mort. Au nom de votre mère, respectez la vie de mon vieux père, et je vous bénirai en marchant au supplice !

Le général réfléchit quelques instants; puis se tournant vers les officiers qui composaient son état-major :

— Quelle peine mérite la prisonnière, leur dit-il, pour avoir formé un complot dont l'exécution pouvait coûter la vie à plusieurs de nos soldats?

— La mort!... répondit un des officiers.

Et tous, l'un après l'autre, répétèrent ces mots terribles : « La mort. »

— C'est bien! reprit le général.

Puis s'adressant à Betty :

— Je vous accorde la vie de votre père. Quant à vous, vous avez entendu votre arrêt.

— Merci, général! s'écria la courageuse jeune fille; je mourrai en priant pour vous.

Et elle se releva, prête à se laisser emmener par les soldats qui l'attendaient.

— Mais non, vous ne mourrez pas, courageuse fille, s'écria le général; vous vivrez, au contraire, vous et votre père! C'est à votre piété filiale et à votre dévouement qu'il devra sa liberté.

Au même instant une porte s'ouvrit, et le vieux Guillaume vint tomber dans les bras de sa fille.

Depuis ce temps, quand on parle de Betty, on ne l'appelle jamais que la *Bouquetière de Berne*.

Et notre conteur vida de nouveau son verre.

— Et Fritz, lui dis-je, que devint-il?

— C'est lui, messieurs, reprit l'aubergiste, qui vient

d'avoir l'honneur de vous raconter cette histoire. Et voilà pourquoi, ajouta-t-il, j'ai donné pour enseigne à mon auberge :

A LA BOUQUETIÈRE DE BERNE.

SOUVENIRS DE L'AUVERGNE

LE GUIDE DE MUROL

L'Auvergne est une des contrées de l'Europe les plus curieuses et en même temps les moins explorées. Tandis que des milliers de touristes vont chaque année visiter les montagnes de la Suisse et les sites de l'Écosse, les voyageurs français eux-mêmes ne songent point à l'Auvergne, à ce pays tantôt sauvage et abrupte, tantôt riche et fertile, où la nature a déployé toute sa poésie. A peine si quelques malades vont demander aux eaux bienfaisantes de l'Auvergne, à l'air pur de ses montagnes, la santé et la force qui leur manquent.

Et pourquoi cet abandon? Sans doute parce que ce pays si beau et si grandiose n'a eu, comme l'Écosse, la Suisse et l'Italie, ni poëtes, ni historiens pour célébrer ses splendeurs : personne n'en a parlé, personne ne la voit; elle reste ignorée, attendant que la voix écoutée de quelque grand voyageur la révèle à la foule et la mette en honneur. J'allais presque dire « à la mode. »

Telles sont les réflexions que m'a suggérées une excursion en Auvergne et au mont Dore. Entreprise dans une saison peu favorable, à une époque de l'année où les premiers rayons du soleil printanier commencent à peine à faire fondre les neiges et les glaces amoncelées dans les montagnes, cette excursion trop rapide m'a laissé le désir de revenir bientôt explorer ce beau pays.

J'arrivai directement à Clermont.

Cette ville est d'une origine fort ancienne; déjà célèbre du temps des Romains, elle devint, sous les deux premières races de nos rois, le théâtre de guerres nombreuses. Plusieurs fois ruinée, au treizième siècle et au quinzième, par les guerres civiles et par les incursions des

Anglais, ce n'est que depuis une centaine d'années qu'elle a commencé à réparer ses pertes et à sortir de ses ruines.

Je visitai rapidement la ville. A l'exception de la cathédrale, monument gothique fort intéressant par sa structure intérieure, et de la vieille église de Notre-Dame-du-Port, construction fort ancienne et qui appartient à l'architecture romane, Clermont n'offre guère de remarquable que sa situation pittoresque et la vue magnifique dont on jouit de toutes les parties de la ville.

Clermont a vu naître dans son sein une foule d'hommes illustres : saint Grégoire de Tours, notre premier historien ; Pascal, un des plus illustres écrivains que la France ait produits ; le célèbre jurisconsulte Domat ; le brave chevalier d'Assas ; le grammairien Girard ; Dulaure, auteur célèbre de l'*Histoire de Paris* et d'autres ouvrages estimés ; et enfin le poëte Jacques Delille.

J'avais hâte d'aller visiter les montagnes de l'Auvergne. Je quittai donc la ville, et je partis par une belle matinée de printemps.

En sortant de Clermont, on entre dans une vallée magnifique, arrosée par les eaux de l'Allier : c'est la Limagne. D'immenses prairies, des vergers, des plaines fécondes et bien cultivées occupent le centre de la vallée ; de riches vignobles s'attachent au flanc des collines, des bouquets de bois en couronnent le sommet. Au milieu de cet océan de verdure apparaissent une foule de bourgs et de villages. Une ceinture de hautes montagnes termine l'horizon et forme le fond du tableau. Tel est le vaste panorama qui se déroule aux regards, offrant de tous côtés au voyageur les campagnes les plus fertiles et les plus riants paysages.

A une lieue de Clermont, je m'écartai de ma route pour aller voir les *Sources de Royat*.

Dans une gorge étroite, entre deux montagnes de basalte, s'élève le petit village de Royat. De toutes parts on s'y trouve entouré de débris d'éruptions volcaniques ; des sources nombreuses qui coulent ou jaillissent sur ces antiques masses de lave y ont fait naître une végétation vigoureuse. Du village, on descend par un sentier étroit, et après avoir traversé une petite rivière appelée la Tiretaine, on arrive à une grotte charmante, formée de rochers basaltiques. Cette grotte est peu spacieuse, mais elle est admirablement décorée par la nature. Un jour doux y pénètre à peine, et les rayons du soleil ne s'y glissent que pour venir scintiller sur les parois humides de la grotte, toutes tapissées de lichens et de mousses de nuances diverses, de verts capillaires et de fleurs sauvages qui mon-

tent jusqu'à la voûte, et s'enroulant autour des anfrac-
tuosités du rocher, y forment mille ornements capricieux.
Le ruisseau de Royat jaillit au fond de la grotte par sept
sources, les unes tombant le long du roc, les autres s'élançant en jets de courbes variées; elles se réunissent toutes
dans un bassin situé au milieu de la grotte, et de là vont
grossir le ruisseau de Fontana.

De Royat, je gagnai Saint-Nectaire. Entre ces deux
points, le paysage change peu à peu d'aspect : des
masses de rochers arides, de teinte rougeâtre, d'immenses
étendues de lave couleur de fer, entrecoupées d'abîmes et
de torrents, commencent à enserrer la vue de toutes parts.
Le passage devient grandiose et sévère.

Saint-Nectaire forme deux villages, l'un situé dans la
vallée, et l'autre au sommet de la montagne. Celui du
bas, ou mieux *le village des bains*, est bâti au fond d'une
vallée étroite et irrégulière, au milieu de laquelle coule un
joli ruisseau; il se compose de quelques hôtels de différents ordres, de la maison du médecin, et de plusieurs établissements thermaux dont la réputation ne s'étend guère
au delà des départements voisins. Un de ces établissements
a été élevé sur les ruines d'une construction romaine;
on a découvert, dans les fouilles que l'on a faites pour en
asseoir les fondations, une vaste piscine et plusieurs bai-

gnoires bâties en briques. Par un vandalisme sans nom, on a porté le marteau sur ces débris, précieux témoignage de l'antique renommée des eaux.

Pour arriver au véritable village de Saint-Nectaire et aux pauvres maisons qui le composent, il faut gravir une montagne presque à pic, d'une ascension fatigante, sinon difficile. On est dédommagé, il est vrai, par la vue d'une belle église romane admirablement conservée. Cette église, ajourd'hui fort pauvre à l'intérieur, était autrefois richement ornée, grâce à la piété des fidèles : c'était un pèlerinage célèbre; on y venait de tous les pays d'alentour pour prier sur le tombeau de saint Nectaire.

Non loin de l'église, on voit les ruines d'un vieux château fort qui fut jadis le séjour d'une des plus illustres familles d'Auvergne, celle de la Ferté Saint-Nectaire. Ce château était, dit-on, très-remarquable; on y admirait un escalier disposé de telle façon que les mulets pouvaient monter le blé jusqu'au grenier.

Du haut des roches granitiques que couronne Saint-Nectaire, la vue s'étend sur des montagnes de plus en plus élevées. Je découvris de là une partie de la route que je devais suivre pour me rendre au mont Dore. A quelque distance, je voyais se dresser, sur le haut d'un mamelon isolé, les ruines du château de Murol, ruines gigantesques au milieu desquelles s'élève une tour que le temps a respectée.

Je regagnai l'hôtellerie où j'étais descendu à Saint-Nectaire, et je me fis indiquer le chemin que je devais suivre pour gagner Murol. Malgré les instances de l'aubergiste, qui voulait à toute force me louer, pour moi seul, une lourde patache dans laquelle une douzaine de voyageurs auraient pu tenir à l'aise, je persistai à aller à pied.

Je me mis donc en route, heureux de pouvoir marcher ou m'arrêter à ma guise, et libre d'admirer tout à mon aisé le magnifique paysage qui m'environnait.

Je n'avais pas fait deux cents pas hors du village, et je venais à peine de m'engager dans une gorge étroite que suit le chemin, lorsque j'entendis derrière moi un pas retentissant; je me retournai, et j'aperçus un homme portant le costume des paysans auvergnats : la veste ronde à collet droit, le gilet croisé, la culotte de velours et les guêtres de toile blanche; sans oublier le col de chemise raide, empesé, aux pointes menaçantes, et le grand chapeau de feutre noir.

Je ralentis ma marche pour attendre ce compagnon de route. C'était un homme jeune et vigoureux; il s'avançait d'un pas agile et ne tarda pas à me rejoindre.

Nous nous saluâmes, et pour lier conversation, je lui demandai si j'étais encore loin de Murol.

— Dans une petite heure, vous en verrez les premières maisons, me répondit-il.

— Est-ce que vous vous dirigez aussi de ce côté? ajou-tai-je.

— Oui, monsieur.

— Alors, si vous le voulez, nous ferons route ensemble : le chemin nous semblera moins long à tous les deux.

— Je ne demande pas mieux; mais il faudra que vous pressiez le pas; car j'ai hâte d'arriver, et j'aurais plus envie de courir que de marcher. Voilà plus de six mois que j'ai quitté le pays et que je n'ai vu ma femme et mon enfant!...

— Et d'où venez-vous?

— De Paris.

— De Paris? repris-je avec étonnement.

— Cela vous surprend ; mais ne savez-vous pas que bon nombre d'habitants de ce pays vont chercher à Paris ce qu'ils ne trouveraient pas dans nos montagnes, un tra-vail fructueux qui éloigne la misère de leur pauvre de-meure et qui leur permette d'amasser une modique aisance, fruit de plusieurs années d'une existence pénible et laborieuse ?

— Et vous consentez à vous séparer ainsi de ceux que vous aimez ?

— Il le faut bien. Vaudrait-il mieux se résigner à les voir souffrir ?

— Et vous revenez les voir de temps en temps ?

— Tous les ans je passe plusieurs mois avec eux. Lorsque vient la saison où les voyageurs commencent à arriver dans nos montagnes, je quitte Paris, enfermant dans ma ceinture de cuir le petit trésor que j'ai amassé par mon travail ; je me mets gaiement en route, et, dépensant peu, marchant beaucoup et ne m'arrêtant nulle part, je finis par arriver au pays. Là commence pour moi une existence nouvelle ; car ne croyez pas que je me repose, au moins : ma femme tient une petite auberge pour les voyageurs, et moi je leur sers de guide dans leurs excursions. Enfant de ce pays, j'en connais les endroits les plus déserts et les plus inaccessibles, j'en ai gravi tous les rochers, et je me dirigerais la nuit aussi bien que le jour au milieu de ces montagnes. A plus de dix lieues à la ronde, si vous demandez un bon guide, celui qui connaît le mieux la contrée, qui vous conduira par les chemins les meilleurs et les plus directs, celui qui vous fera voir le plus de sites pittoresques, celui aussi qui vous racontera le plus de ces bonnes et simples histoires du temps passé, que vous nommez, je crois, des légendes, tout le monde vous indiquera Jean, le *Guide de Murol*, comme on l'appelle dans le pays.

— Je ne pouvais faire une meilleure rencontre, dis-je à mon compagnon de route : j'avais besoin d'une auberge d'abord, et ensuite d'un bon guide pour me faire voir rapidement le lac Chambon et les principaux sommets des monts Dores ; et voilà que je trouve tout cela en même temps et sans chercher.

— Ma foi ! je n'ai pas à me plaindre non plus, répondit mon Auvergnat tout joyeux ; avant même d'arriver au pays, je trouve de l'ouvrage. Cela est d'autant plus rare que la saison n'est pas encore assez avancée pour que les voyageurs viennent dans nos montagnes. Nous avons encore de la neige, et il ne fait pas bon à gravir le pic de Sancy à cette époque de l'année. C'est égal, nous ferons pour le mieux ; je vous promets que vous serez content, et surtout qu'il ne vous arrivera rien de fâcheux.

— J'y compte bien, répondis-je en riant, et dès ce moment je vous laisse le soin de veiller sur ma personne. Mais que faites-vous après la saison des bains ?

— Quand le temps froid et pluvieux chasse les baigneurs et les touristes, je reprends mon sac et mon bâton, j'embrasse ma femme et mon enfant, et je m'en retourne à Paris ; là je m'établis au coin d'une rue avec une paire de crochets , et j'ai bien du malheur quand je ne rapporte pas, au bout de six ou huit mois, de quoi arrondir mon petit domaine de quelque bon lopin de terre.

— Mais savez-vous que vous menez là une existence doublement pénible?

— Bast ! le bon Dieu m'a donné de la force et de la santé, une bonne et gentille femme, un petit enfant qui s'élève tout seul : de quoi me plaindrais-je?... Ah! si mon père avait voulu faire comme moi , il n'aurait pas été si malheureux et il n'aurait pas eu tant de peine à élever sa famille !... Mais dame! il n'avait pas été habitué à ça; on était heureux chez lui au temps jadis !... Tout est bien changé depuis que vos lois nouvelles sont venues remplacer nos anciennes et bonnes coutumes !

— De quelles coutumes voulez-vous parler?

— Je vais vous le dire.

Autrefois, avant la grande révolution, dans plusieurs contrées de l'Auvergne, et principalement aux environs de Thiers et dans ce pays, tous les individus d'une même famille formaient une espèce d'association. Ils nommaient un chef connu sous le nom de *Maître*, qui devenait le père de toute la famille, vendait, achetait, percevait l'argent, dispensait à chacun son travail et réglait les moissons et les vendanges. Tous ceux qui étaient sous ses ordres travaillaient en commun : logés et nourris ensemble, habillés et entretenus de la même manière et aux dépens du revenu général, ils n'étaient plus, en quelque sorte, que les enfants de la maison.

— Mais si le maître abusait de son pouvoir ou gouvernait mal son petit État?

— Le cas était prévu : la communauté s'assemblait, le jugeait et le déposait pour en nommer un autre à sa place.

— Et qui veillait sur les détails intérieurs de la maison? Était-ce la femme du maître?

— Non ; le bon sens de nos pères leur avait dit que si la *Maîtresse* était la femme ou la sœur du *Maître*, tous deux réunis auraient trop d'avantages dans le cas où ils voudraient abuser à leur profit de la propriété commune. On prenait donc la *Maîtresse* dans un autre ménage. Celle-ci commandait aux femmes et veillait sur la cuisine, la basse-cour, le linge, les habillements.

— Et comment les membres de cette petite communauté se mariaient-ils?

— Ils se mariaient entre eux.

— Mais s'il arrivait qu'ils voulussent faire autrement?

— Alors on donnait une somme d'argent à la fille ou

au garçon qui désirait se séparer du reste de la famille.
Dès ce moment, celui-ci ou celle-là cessait de faire partie
de la communauté. Dans aucun cas, les biens ne pouvaient être partagés.

Ces familles, ajouta mon guide, vivaient heureuses,
grâce à ces mœurs patriarcales. Composées d'un certain
nombre de ménages, elles formaient de petits hameaux
séparés les uns des autres. Au centre se trouvait la maison
du *Maître ;* elle ne se distinguait des autres que parce
qu'elle contenait une vaste salle où l'on prenait les repas en commun. Au fond de cette salle, on voyait, dans
une niche ornée de fleurs et formant une petite chapelle,
l'image du bon Dieu et de la Sainte Vierge. Là, chaque
soir après le souper, tout le monde s'agenouillait, et
le *Maître* disait à haute voix la prière.

— Et votre père appartenait à une de ces familles?

— C'était un *Guittard.* Or les Guittard formaient une
des associations les plus florissantes des environs de Thiers ;
ils étaient plus de quarante, avaient autant de serviteurs,
douze bœufs, le double de vaches et plus de cent moutons ;
ils possédaient des champs, des vignes, un petit bois : ils
étaient riches et heureux. Quand il a fallu partager tout
cela, il n'en est plus resté assez à chacun pour vivre iso-
lément.

— Vos anciennes coutumes avaient du bon, dis-je à mon guide ; mais nos lois actuelles valent mieux encore : chacun a sa liberté, chacun peut augmenter son bien-être par son travail et par son industrie, sans être obligé de se sacrifier à une communauté où se trouvent quelquefois des paresseux et des membres inutiles. Vous-même, vous êtes une preuve de ce que j'avance. N'êtes-vous pas plus heureux que vous ne l'auriez été dans ce temps-là ?... Vous êtes le chef de votre petite famille ; il n'y a au-dessus de vous que le bon Dieu et les lois du pays : vous travaillez, il est vrai, vous avez de la peine et des soucis ; mais ce que vous aurez gagné vous appartiendra en propre, vous le laisserez à vos enfants, et vos voisins, plus paresseux ou moins industrieux que vous, ne profiteront pas du fruit de vos sueurs.

— C'est vrai, monsieur, ce que vous me dites, et ce sont ces pensées-là qui soutiennent mon courage.

En causant ainsi nous étions arrivés à quelque distance d'un village bâti en amphithéâtre à la base d'un ancien volcan, au milieu de rochers épars et de monceaux de lave. Au-dessus du village s'élevaient les ruines du vieux château que j'avais aperçu du sommet de Saint-Nectaire.

— Ce village, c'est Murol, me dit mon guide. Voyez-vous, là-bas, cette petite maisonnette blanche qui borde la route? c'est la mienne. Vous permettez que je prenne les devants? J'ai si grande hâte de les revoir et de les embrasser !.....

Et sans attendre ma réponse, le jeune homme se mit à courir de toute la vitesse de ses jambes.

Quelques instants après, j'arrivai moi-même devant la maison. La petite famille de mon guide formait un tableau gracieux et charmant : le père était assis sur un banc de pierre adossé au mur, et tenait sur ses genoux un enfant de deux ans environ, beau, fort et vigoureux, qu'il couvrait de baisers et de caresses; devant eux, une jeune paysanne s'amusait à agacer le joli marmot avec un fruit qu'elle élevait au-dessus de sa tête, le présentant et le retirant tour à tour; auprès d'eux, un gros chien de montagne semblait prendre sa part de la joie générale, et léchait humblement les genoux de son maître, attendant patiemment son tour.

Pendant que la femme de Jean préparait notre souper, nous allâmes visiter les ruines du château de Murol. Quelques parties en sont encore debout et permettent de juger de l'importance que ce manoir avait autrefois. Des murs épais, flanqués de tours de distance en distance, circonscrivent sa vaste enceinte. On distingue encore, dans l'intérieur, la chapelle, les cachots, et des restes d'appartements montrant leurs murailles ornées d'armoiries. Mais ce qui attira le plus mon attention, ce fut la porte d'entrée, toute garnie encore de ses meurtrières menaçantes; c'est la partie la mieux conservée du château.

Mon guide m'apprit que ce château avait été l'emplacement d'un ancien *castrum* des Romains. Ce *castrum*, ou forteresse, fut pris et détruit par l'armée de Théodoric le Grand, roi des Ostrogoths. Le château moderne de Murol ne fut construit qu'au quinzième siècle; il fut le séjour de l'ancienne famille de Murol, qui s'éteignit dans celle d'Estaing.

Du haut de la tour qui domine ce château, on voit se dérouler devant soi une immense étendue formée de vastes plateaux de lave, entrecoupés de rochers rougeâtres et calcinés. A une époque inconnue, cette partie des montagnes d'Auvergne était remplie de volcans dont les éruptions ont bouleversé le sol, déchiré les rocs, comblé les vallées, et englouti sans doute, sous leurs vagues de feu, des villes, des villages, des peuples entiers.

Une longue marche et l'air des montagnes me firent trouver excellent, au retour, le repas qui avait été préparé pendant notre absence : la saucisse fumée, l'omelette au lard, le fromage et le gros pain de seigle en formaient le menu; l'eau et le lait composaient la boisson. Tout cela me sembla délicieux, au grand contentement de mes hôtes.

Le lendemain, nous nous mîmes en route, mon guide et moi, pour une excursion qui devait durer plusieurs jours.

Nous nous dirigeâmes d'abord vers le lac Chambon.

Qu'on se figure, au milieu des rochers amoncelés les uns auprès des autres, comme des nuages chassés par la tempête, au milieu de cette nature déserte et tourmentée, de ces pentes abruptes, de ces laves grisâtres, de ces montagnes sauvages, une vaste nappe d'eau immobile, brillante, réfléchissant le ciel comme un miroir : tel est le lac Chambon. Çà et là, à la surface de l'eau, apparaissent des îlots de verdure, et dans un enfoncement du lac commence une forêt de hêtres qui s'élève jusqu'au sommet d'une haute montagne. Près de cette forêt se montrent les ruines du château de Varennes.

Jadis, dit une légende du pays que me conta mon guide, il y avait, sur l'emplacement même du lac, la demeure d'un seigneur si riche et si puissant, que, du sommet du *Pic de Sancy*, le regard ne pouvait embrasser l'étendue de ses domaines. C'était un homme dur, méchant, cruel, la terreur de ses vassaux et de ses voisins, ne songeant qu'à faire le mal, ne se plaisant qu'à la vue du sang et des tortures. Le bon Dieu se lassa enfin de tous ses crimes; les cris des faibles et des opprimés montèrent jusqu'à son trône : le jour de la vengeance arriva enfin. Par une nuit où le château était en fête, un orage effroyable se répandit dans la montagne; puis, au milieu des gronde- ments du tonnerre, les anciens volcans se rouvrirent soudain et vomirent des torrents de lave brûlante. Le lendemain matin, à la place du château et de ses vastes dépendances, on trouva ce lac immense et profond.

Telle est la légende. L'histoire nous dit autre chose : c'est que ce lac était connu du temps des Romains, et que, sur ses bords, était située la maison de campagne de Sidoine-Apollinaire, cet homme célèbre qui, après avoir exercé, au nom des empereurs, les charges les plus émi- nentes dans la Gaule, devint un grand saint et fut évêque de Clermont.

Du lac Chambon, nous continuâmes notre route vers la vallée du Mont-Dore. Nous trouvâmes une telle abon- dance de neige, que le chemin disparaissait entièrement à nos regards et était même impraticable en plusieurs endroits. En hiver, cette neige est dure et solide à sa sur- face, et l'on peut, dans certains moments, essayer de la traverser; mais, dans la saison où nous nous trouvions, la neige commençait à mollir et à fondre et n'offrait aucune résistance.

Après beaucoup de peines et de fatigues, et non sans avoir couru maintes fois le danger d'achever brusquement notre voyage au fond de quelque précipice, nous parvînmes à la vallée et au village du Mont-Dore.

Là nous dûmes arrêter notre excursion. Mon guide me déclara, en effet, que la fonte des neiges commençant à se faire sentir, il serait souverainement imprudent de tenter l'ascension des montagnes qui environnent la vallée. Je dus donc me contenter du spectacle qu'elles offraient de loin à mes regards.

C'était un magnifique spectacle !

Le village du Mont-Dore se trouve adossé à la base de la montagne de l'Angle, d'où naissent les sources, et à peu près au milieu d'une profonde vallée que la Dordogne sillonne dans toute sa longueur. Cette vallée est fermée de tous côtés par de hautes montagnes de l'aspect le plus imposant et le plus varié : ici leurs flancs sont nus, leurs pentes abruptes et perpendiculaires; là, au contraire, la pente ne s'élève que progressivement et laisse apercevoir une végétation vigoureuse, que couronnent de noires forêts de sapins s'élevant jusqu'à la crête des rochers.

Lorsqu'on arrive au village, on a devant soi les plus hautes montagnes de l'Auvergne : à droite, les *Gorges d'Enfer*, énormes roches pyramidales, restées debout au milieu des éboulements, et le *Capucin*, rocher gigantesque, flanqué d'une aiguille basaltique dans laquelle l'imagination des habitants veut bien voir la forme d'un religieux; en face, le *Pic de Sancy*, la plus haute des montagnes de la France centrale, le *Puy Ferrand* et le *Pan de la Grange* presque aussi élevés; puis à gauche, le *Puy de Cascadogne* et le *Roc du Cuzeau*.

Le village du Mont-Dore est composé d'une centaine de jolies maisons pour la plupart converties en hôtels. L'établissement des bains est une construction solide dont l'architecture sévère s'harmonise bien avec les majestueuses et sauvages beautés de la nature environnante.

Force nous fut, après avoir consacré deux jours à visiter les sources thermales et à faire quelques petites excursions à la base des montagnes, de revenir sur nos pas.

Nous retournâmes à Murol.

Le lendemain, Jean vint me reconduire jusqu'à Saint-Nectaire, d'où je regagnai Clermont.

SOUVENIRS DE LA PROVENCE

ET DU LANGUEDOC

LA LÉGENDE DU PONT D'AVIGNON

LA MAIOS

En quittant l'Auvergne, je traversai rapidement le département de la Haute-Loire et celui de l'Ardèche.

J'arrivai enfin à Pont-Saint-Esprit, dans le Gard, après le voyage le plus fatigant que j'aie fait de ma vie. C'est à peine si, dans ce long voyage, j'avais parcouru dix lieues de suite sans changer de voiture. Et

quelles voitures!... Je me hâte d'ajouter : Quels chemins!...

Aussi, à Pont-Saint-Esprit, je refusai les offres falla-
cieuses d'un voiturier qui s'apprêtait à me cahoter jusqu'à
Villeneuve et Avignon, et lui confiant seulement mon
mince bagage, je partis à pied.

Je gagnai Bagnols, où je couchai; puis je me fis indiquer le lendemain le chemin de Villeneuve.

On m'avait affirmé que je n'avais que six petites lieues
à faire; or, je marchais depuis onze heures du matin sans
avoir atteint le but de mon voyage. Je faisais tristement
cette réflexion, en voyant décliner le jour, qu'il y a des
pays où les lieues sont terriblement longues, et je finissais par craindre de m'être égaré, lorsque, sur la droite
de la route que je suivais, j'aperçus une élégante habitation, séparée seulement du chemin par une grille et
une belle corbeille de fleurs. Auprès du petit parterre,
plusieurs enfants se roulaient sur le sable en poussant
des cris joyeux; assis devant la maison, les parents causaient entre eux, tout en surveillant leurs jeux et leurs ébats.

En ma qualité de voyageur égaré, je crus pouvoir me
permettre une indiscrétion, et profitant de ce que la grille
était ouverte, je m'avançai timidement, mon chapeau à
la main.

Le père se leva et vint à moi.

— Vous voyez, monsieur, lui dis-je après l'avoir salué, un homme dans l'embarras : on m'avait dit qu'en suivant cette route j'arriverais à Villeneuve avant la nuit ; or, voici la nuit presque venue, et j'ai beau hâter le pas, je n'aperçois rien qui ressemble à une ville ni même à un village. Je crains de m'être trompé de chemin.

— Non, vraiment, vous avez suivi la bonne route, et vous êtes même assez près de Villeneuve ; une petite colline qui vous reste à gravir vous empêche seule de l'apercevoir. Mais reposez-vous quelques instants, monsieur ; vous paraissez fatigué.

— Je vous rends grâce de votre obligeance ; mais il faut que je me hâte : je désire aller ce soir jusqu'à Avignon.

— Passe encore pour Villeneuve ; mais quant à Avignon, c'est chose impossible.

— Et pourquoi?

— Ne savez-vous pas qu'Avignon est une ancienne place fortifiée, et qu'on a coutume d'en fermer les portes à la nuit close? Or, une fois fermées, les portes ne s'ouvrent plus qu'aux premières lueurs du jour. Vous ne connaissez donc pas Avignon?

— Non, j'y viens pour la première fois.

— En touriste, sans doute?

— En touriste.

— C'est une ville tout historique et fort curieuse à visiter. Tâchez de vous procurer un bon guide pour vos excursions, si vous ne connaissez personne dans la ville.

— J'ai une lettre de recommandation ; seulement j'ai bien peur qu'elle ne puisse me servir.

— Pourquoi ?

— Elle porte bien, sur l'enveloppe, le nom de la personne à laquelle elle est adressée, mais on a oublié une autre indication qui me paraît tout aussi essentielle.

— Laquelle ?

— L'adresse.

— Voulez-vous me montrer cette lettre ? je suis d'Avignon, j'en connais à peu près tous les habitants, et je pourrai peut-être vous tirer d'embarras.

— La voici.

— Oh ! pour le coup, voilà qui est par trop plaisant ! Cette lettre.....

— Eh bien ?

— Elle est pour moi !... Je demeure la plus grande partie de l'année à Avignon ; mais je passe la belle saison dans cette petite maisonnette. Quel heureux hasard ! En attendant que j'aie ouvert cette lettre, ce que je ne puis faire en ce moment vu l'obscurité, je vous déclare que vous êtes mon hôte et que vous n'irez pas plus loin; ce soir du moins.

Je voulus en vain m'excuser. Une heure après j'avais soupé et j'étais dans une chambre confortable, avec la perspective d'un excellent lit et d'une bonne nuit.

— Demain, me dit **M. M...**, je viendrai vous éveiller; nous commencerons dès le matin nos excursions.

Le lendemain, en effet, nous partîmes dès le lever du soleil.

Nous visitâmes Villeneuve. Cette ville couronne un coteau qui s'élève en face d'Avignon, sur la rive droite du Rhône. Ses monuments sont d'abord une église gothique du treizième siècle; puis un hôpital dont la chapelle renferme, outre un tableau représentant le Jugement dernier, attribué au roi René, le tombeau du pape Innocent VI, œuvre excessivement remarquable par le fini du travail et la richesse de l'ornementation; enfin les ruines d'une célèbre chartreuse, située sur un rocher qui domine la ville, ornée de jardins, et ceinte, comme une forteresse, de murailles et de tours.

En quittant la Chartreuse, nous nous dirigeâmes vers Avignon. La partie de Villeneuve qui regarde cette ville présente au Rhône un escarpement rapide. Nous descendions par un chemin pittoresque qui contourne le coteau.

De là une vue magnifique s'offrait à nos regards. A nos pieds, le Rhône, large et majestueux, s'étendait dans un vaste horizon de plaines et de collines; semblable à un torrent, il roulait avec fracas ses ondes impétueuses. En face de nous, sur la rive opposée, s'élevait l'antique cité, surnommée la *Rome française*, avec ses murailles crénelées et ses maisons étagées en amphithéâtre, du milieu desquelles surgissent les nombreux clochers de ses églises et ce fameux château des papes qui dresse ses murs gigantesques et sombres au sommet du *Rocher-des-Dons*.

Nous arrivâmes au pied d'une vieille tour, bâtie, me dit M. M..., par saint Louis, et destinée à commander un pont dont j'apercevais devant moi les arches ruinées.

— Savez-vous, me dit M. M..., ce que c'est que ce pont?

Au moment où il m'adressait cette question, des voix d'enfants retentirent derrière nous. Nous nous retournâmes, et nous vîmes à quelques pas une famille de paysans qui suivait le même chemin que nous. Elle se composait du père, de la mère et de trois enfants, ces derniers groupés sur un âne. Le père et la mère marchaient devant en se donnant le bras; de temps en temps ils se retournaient pour surveiller maître Aliboron et son triple fardeau. Les enfants chantaient à tue-tête ce vieux refrain que l'on entend si souvent à Paris, dans les larges allées du Luxembourg ou sous les marronniers des Tuileries, ce refrain que les petits garçons et les petites filles, se tenant par la main et formant de gracieuses guirlandes, répètent en dansant des rondes rapides et animées :

> Sur le pont d'Avignon,
> Tout le monde y passe, y passe,
> Sur le pont d'Avignon,
> Tout le monde y danse en rond !

— Eh bien! me dit M. M..., voilà la réponse à la question que je vous adressais tout à l'heure.

— Quoi! ce pont en ruines...

— C'est ce fameux *Pont d'Avignon* dont la renommée a traversé les âges, et que l'on célèbre encore par des chansons. On l'appelle aussi le *Pont de Saint-Bénezet*. Il y a de cela bien longtemps, au douzième siècle, il n'existait pas de pont sur le Rhône, entre le bourg de Villeneuve et Avignon; les nombreux passagers qui allaient d'une rive à l'autre étaient obligés de traverser le fleuve dans des barques: or, comme le Rhône est très-rapide et très-dangereux en cet endroit, on avait souvent à déplorer de graves accidents. Un berger nommé Bénezet, que ses

vertus ont fait mettre au nombre des saints, touché des
dangers que couraient les voyageurs en passant le Rhône
à Avignon, résolut de les en préserver et conçut le projet
de jeter un pont sur le fleuve, entreprise hardie et presque
surhumaine devant laquelle avaient reculé les Romains
eux-mêmes. Ce projet, conçu par un pâtre de douze ans,
ne paraissait pas devoir mériter qu'on y donnât suite ;
mais Bénezet s'annonça comme envoyé par Dieu, et des
miracles prouvèrent la vérité de sa mission. L'évêque
d'Avignon consentit à l'exécution de ce pont ; saint Bénezet lui-même en posa les fondations, en 1177, en présence
de tout le peuple. Onze ans après, le pont était achevé : il
avait quarante-deux mètres de long et dix-huit arches.
On établit tout auprès, du côté de la ville, une communauté de religieux chargés de recevoir les pèlerins, de
veiller à la conservation du pont, et d'en construire d'autres sur le Rhône ; de là leur vint le nom de *Frères Pon-
tifes*, ou *faiseurs de ponts*. Ce sont des religieux de cet
ordre qui construisirent, vers la fin du treizième siècle,
le Pont Saint-Esprit, qui se trouve au-dessus d'Orange et
de Mormas.

— Et saint Bénezet, dis-je à M. M..., que devint-il ?

— Il mourut à l'âge de dix-neuf ans, en 1184, quatre
ans avant l'achèvement du pont. Il fut enterré sur le pont

même. Plus tard, les miracles qui s'opérèrent sur son tombeau portèrent la ville d'Avignon à faire construire, sur un éperon accolé à la deuxième arche, une petite chapelle où l'on déposa ses reliques ; elles y restèrent jusqu'en 1669, époque à laquelle une grande partie du pont s'écroula ; elles furent alors transportées en grande pompe à Avignon, dans l'église des Célestins.

Telle est l'histoire du Pont de Saint-Bénezet. De même qu'une chanson populaire en garde la mémoire, de même aussi une antique légende en consacre le souvenir.

— Une légende ? repris-je ; pourriez-vous me la dire ?

— Bien volontiers. J'ai pris ce matin dans ma bibliothèque, à votre intention, ce vieux livre qui la renferme. Asseyons-nous un instant à l'ombre de ce rocher ; je vais vous lire la *Légende du Pont d'Avignon*.

« Il y a longtemps, avant l'arrivée des papes à Avignon, avant que les tours du palais fussent bâties, il y avait à Avilard, dans le Vivarais, un enfant nommé Bénezet. Ce n'était point un enfant ordinaire : bon, charitable et doux, il se faisait remarquer par sa raison précoce et surtout par sa grande piété. Pour aider ses parents, qui étaient de pauvres gens ployant sous le faix des impôts et de la misère, Bénezet menait paître les troupeaux des habitants du village, et gagnait ainsi un faible salaire qu'il remettait fidèlement à son père.

Le bon Dieu semblait veiller sur Bénezet comme sur un enfant bien-aimé : jamais les brebis du petit pâtre n'étaient attaquées par le loup ; les maladies même respectaient son troupeau. Chacun disait dans le village que, s'il en était ainsi, c'était parce que Bénezet priait tout le jour, roulant entre ses doigts les grains de son chapelet, ou chantant des cantiques à la louange de Dieu et de la bonne Vierge Marie.

Or, un jour, pendant que Bénezet gardait son troupeau dans la campagne, le soleil s'obscurcit, il y eut comme un voile qui couvrit sa face, et tout à coup ces mots retentirent dans l'air, répétés par trois fois :

— Bénezet, mon fils, écoute la voix de Jésus-Christ.

L'enfant étonné répondit :

— Où êtes-vous, Seigneur ? j'entends votre voix et je ne vois personne.

— Écoute sans crainte, reprit la voix ; je suis ce Dieu qui créa d'un mot le ciel, la terre, le monde entier.

— Eh bien ! mon Dieu, que dois-je faire ?

— Abandonne ton troupeau, et va bâtir un pont sur le Rhône.

— Seigneur, j'ignore où coule le Rhône, et je n'ose laisser le troupeau confié à mes soins.

— Ne t'ai-je point dit de croire ? Marche sans crainte ; je ferai garder tes brebis et je te donnerai un guide fidèle.

— Ah ! Seigneur, je ne possède que six oboles : comment construire un pont ?

— Tu le sauras, mon fils, je t'en révélerai les moyens.

Obéissant à l'ordre de Dieu, le jeune berger se mit en route. Il ne tarda pas à rencontrer un ange en habit de pèlerin, qui lui dit :

— Cher enfant, suis-moi sans inquiétude ; je te guiderai auprès du fleuve où tu dois construire un pont, et je t'enseignerai à le faire.

Cela dit, ils arrivèrent en un instant sur les bords du Rhône. A l'aspect de la largeur du lit du fleuve, l'enfant, frappé de stupeur, s'écria qu'il était impossible d'y construire un pont.

— N'élève aucun doute, mon fils, lui répondit l'ange avec douceur : l'esprit de Dieu plane sur toi. Voilà une barque pour traverser le fleuve ; entre dans Avignon et fais connaître ta mission à l'évêque ainsi qu'au peuple.

A ces mots l'ange disparut.

Bénezet, s'approchant de la barque, pria le batelier de

le transporter sur l'autre rive pour l'amour de Dieu et de la Vierge Marie.

Le batelier lui répondit :

— J'aurais fort à faire si je passais les gens pour l'amour de Dieu.

L'enfant lui donna trois oboles ; le batelier s'en contenta, faute de mieux, et le déposa bientôt à la porte de la ville.

Bénezet y entra et y trouva l'évêque Pons, auquel il fit part de sa mission. L'évêque, ne le pouvant croire, l'envoya au viguier ; celui-ci l'écouta avec colère et lui dit :

— Comment un individu de ton espèce accomplirait-il ce que les hommes les plus puissants, et même l'empereur Charlemagne, n'ont osé entreprendre? Au reste, les ponts se composent de pierres et de ciment; je veux te fournir une pierre qui se trouve dans mon palais : si tu la portes, je croirai alors à la réussite de ton projet.

Bénezet, plein de confiance en Dieu, se rendit au palais du viguier, suivi de tout le peuple, et là il souleva l'énorme pierre, que les efforts réunis de trente hommes n'auraient pas remuée : il la chargea sur ses épaules avec la même facilité que s'il se fût agi d'un petit caillou. S'avançant ainsi à la tête de la population, il vint au bord du fleuve placer cette pierre comme fondation de la première arche du pont.

Les spectateurs, dans leur admiration, célébraient la puissance de Dieu. Le viguier, le premier, tomba à genoux, saluant Bénezet du nom de Saint. Il lui donna trois cents sous. En quelques instants les dons de la foule s'élevèrent à plus de cinq mille sous, destinés aux frais de construction du pont.

Et le pont fut bâti. »

— Telle est, ajouta M. M..., la *Légende du Pont d'Avignon*, telle qu'elle s'est conservée dans nos pays; ici, personne ne met en doute l'histoire merveilleuse qu'elle raconte, ni le miracle de saint Bénezet.

— Toujours est-il, repris-je, que ce dut être un grand événement pour la ville et pour le pays, le jour où piétons, cavaliers et chariots traversèrent pour la première fois le Rhône sur le pont de saint Bénezet. Sans doute quelque troubadour se fit alors l'écho de la joie populaire et composa ce refrain qui est venu jusqu'à nous :

> Sur le pont d'Avignon,
> Tout le monde y passe, y passe.

Puis, voyant bourgeois et manants se prendre par la

main et danser de joie au beau milieu du pont, il ajouta :

Sur le pont d'Avignon,
Tout le monde y danse en rond.

— Maintenant, me dit mon guide, allons visiter Avignon.

Nous entrâmes dans la ville par un pont qui a remplacé celui de saint Bénezet, et qui débouche au centre des promenades.

Complétement entouré de hautes et fortes murailles, crénelées, flanquées de tours et munies de portes menaçantes, Avignon a l'aspect sombre et sévère d'une ville du moyen âge ; on sent comme une impression pénible et désagréable en pénétrant dans ses rues étroites, sinueuses, mal percées, où l'air circule à peine, et où il semble que les rayons du soleil ne puissent jamais parvenir. Mais à mesure qu'on avance, on s'habitue à l'étrange physionomie de cette ville des papes, destinée à leur servir de retraite contre leurs ennemis ; peu à peu on se fait à cette atmosphère lourde et froide, et bientôt, tout entier aux souvenirs du passé, on oublie sa première impression.

A chaque pas, on rencontre dans la ville, mêlées aux maisons modernes, des tours, des portions de cloîtres et autres bâtiments tristes d'aspect, mais qui présentent parfois d'assez beaux détails d'architecture. On peut se faire une idée du nombre de ces constructions, dont quelques-unes sont abandonnées et dont la plupart ont changé de destination, en pensant qu'au quinzième siècle, la moitié de la suface de la ville était occupée par des établissements religieux : on y comptait soixante églises, huit chapitres, trente-cinq monastères des deux sexes, trois séminaires, dix hôpitaux ou maisons de charité, sept confréries de pénitents, une commanderie de l'ordre de Malte, une université, un collége et de nombreuses écoles. Chaque jour plusieurs centaines de cloches retentissaient dans Avignon; c'est ce qui lui a fait donner par Rabelais le surnom de *ville sonnante.*

Le *Palais des Papes*, que nous visitâmes d'abord, s'élève sur la pente méridionale du Rocher-des-Dons. C'est une forteresse lourde et massive, dans laquelle se trouvent accumulés, tant à l'intérieur qu'à l'extérieur, tous les moyens de défense que possédait l'art militaire au moyen âge. A l'extrémité du palais, on remarque une tour isolée, plus élevée et plus menaçante encore que les autres ouvrages; dans cette tour se trouve l'entrée d'un souterrain qui conduit sur les bords du Rhône. C'est par là que s'échappa l'antipape Benoît XIII après avoir soutenu un siége de plusieurs mois contre le maréchal Bousicaut, général de Charles VI.

Un peu plus haut que le Palais des Papes, sur le Rocher-des-Dons, se trouve l'ancienne métropole, dite *Notre-Dame-des-Dons*, monument formé d'un bizarre assemblage de constructions appartenant à diverses époques, et qui n'a de remarquable que sa situation. On y monte de la ville par des rampes et par un grand escalier dont le sommet est décoré d'un calvaire. Détruite par les Barbares, cette église fut, dit-on, reconstruite avec les dons de Charlemagne; de là son nom et celui du rocher sur lequel elle s'élève.

Après le Palais des Papes et Notre-Dame-des-Dons, nous visitâmes encore la nouvelle cathédrale, qui renferme la tombe du peintre Mignard; l'église Saint-Pierre, d'une fondation fort ancienne et dont la façade est très-remarquable; l'Hôtel des Invalides, succursale de celui de Paris, formé en partie par les bâtiments de l'ancien couvent des Célestins; et enfin l'ancien Hôtel de la Monnaie, qui se trouve devant l'entrée du Palais des Papes.

Nous avions fait le tour de la ville, promenade assez fatigante, attendu que les rues d'Avignon vont toujours en montant ou en descendant; souvent même ce ne sont pas des rues, ce sont de véritables escaliers. Nous entrâmes, pour nous reposer et pour déjeuner en même temps, à l'hôtel du Palais-Royal, situé à peu de distance du quai du Rhône, sur la place de l'Oule, non loin de la porte de ce nom.

— Savez-vous, me dit M. M... lorsque nous eûmes achevé de déjeuner, quel est le triste souvenir que rappelle cette auberge?... C'est ici que fut assassiné le maréchal Brune, le 2 août 1815! Il arriva, venant de Toulon; il devait changer de chevaux à la poste, qui se trouvait auprès de cet hôtel, et continuer ensuite sa route après avoir traversé la ville. Tout à coup il se vit reconnu ; une vile populace, commandée par cinq hommes qui avaient juré la mort du maréchal, entoura sa voiture et celle de ses aides de camp. Brune gagna à grand'peine cette auberge ; on en barricada les portes et les fenêtres dès qu'il y fut entré.

Tout ce qu'il est possible de faire pour sauver la vie d'un homme, le maître de l'hôtel, M. Moulin, et un simple portefaix, nommé Vernet, le tentèrent pour sauver le maréchal, avec un dévoucment et un courage au-dessus de tout éloge. Doués tous les deux d'une force herculéenne, ils repoussèrent plusieurs fois, au péril de leurs jours, les assaillants qui avaient enfoncé les portes; mais quelques-uns de ceux-ci escaladèrent la maison, et, pénétrant par le toit, arrivèrent jusqu'à la chambre où se trouvait Brune.

Le maréchal écrivait ; à l'aspect des assassins, il se leva

et marcha d'un pas ferme à leur rencontre, admirable de calme et de sang-froid. Un des assassins lui tira un coup de pistolet; mais Brune avait eu le temps d'écarter le canon de l'arme avec la main.

— Maladroit! lui dit-il en haussant les épaules, qui ne sait pas tuer un homme à bout portant!

A peine avait-il prononcé ces mots, qu'un autre assassin lui tira par derrière un coup de carabine. Cette fois, Brune tomba raide mort, la poitrine traversée par la balle.

J'ai peine à vous achever ce récit. Croiriez-vous que ces forcenés ne se contentèrent pas de ce lâche attentat? leur vengeance ne fut satisfaite que quand, après avoir passé une corde autour du cou du maréchal, ils eurent traîné son cadavre sanglant jusqu'au Rhône. Le fleuve reçut dans son sein les dépouilles de Brune; à dix-huit lieues d'Avignon, auprès d'Arles, il les rejeta sur la rive; là, un vieux soldat reconnut l'illustre capitaine et lui creusa une fosse dans le sable de la grève.

— Quelle lamentable histoire! dis-je à M. M....

— Oui, c'est une des plus tristes que nos discordes civiles aient écrites dans leurs sanglantes annales. Mais laissons ces malheureux souvenirs. Vous savez où je vais vous conduire maintenant?

— Est-ce dans la ville?

— Non.

— Alors, c'est à la Fontaine de Vaucluse ?

— Précisément. Voilà justement une voiture dont le cocher me mène quelquefois... Hé, Bernet !

Bernet entendit cet appel. Par suite de la violente secousse qu'il imprima à la rêne droite, une espèce de squelette ambulant, qui lui servait de cheval, se tourna tout d'une pièce et vint se placer devant nous.

— C'est inutile de monter là-dedans, dis-je en montrant le piteux attelage ; nous irons plus vite à pied.

L'automédon haussa les épaules et grommela entre ses dents quelques mots patois auxquels je ne compris rien. Quant à M. M..., il prit place dans la voiture, et, me faisant signe de me mettre à côté de lui, il me répondit :

— Il ne faut juger sur l'apparence ni les bêtes ni les gens. Vous allez voir !

Il avait raison : à peine étions-nous assis, que Bernet, sans toucher sa bête, siffla d'une manière particulière ; à ce bruit, l'animal partit comme un trait et nous entraîna rapidement à travers la promenade qui borde les remparts.

Nous sortîmes de la ville par la porte Saint-Michel, et nous nous trouvâmes sur une route charmante qui se dirige vers la montagne. Cette route suit une vallée sinueuse au fond de laquelle coule la Sorgues, c'est-à-dire la petite rivière dont la source forme la Fontaine de Vaucluse.

Arrivés au village de l'Isle, nous laissâmes notre voiture et nous prîmes un sentier qui s'enfonce dans la montagne.

A quelque distance du village, la vallée s'allonge, se rétrécit, et se change bientôt en un affreux défilé, resserré entre des rochers nus et calcinés, surplombé par d'énormes falaises, et terminé tout à coup par une immense roche rougeâtre, qui se dresse à pic à plus de deux cents mètres de hauteur. Au milieu de ce rocher, s'ouvre un gouffre horrible, vaste et sombre caverne dont on n'a pas encore mesuré la profondeur ; c'est là que se trouve le bassin de la Fontaine de Vaucluse. Ordinairement l'eau est calme et immobile au fond de la caverne ; mais si de longues pluies ou la fonte des neiges viennent grossir la source qui se cache dans les profondeurs de ce gouffre, alors l'eau s'agite, bouillonne, s'élève jusqu'à la voûte, puis, se précipitant par l'ouverture, bondit au dehors et tombe avec fracas de rocher en rocher.

Ce lieu étrange, sauvage et si plein de terribles beautés, a été immortalisé par les vers de Pétrarque. On voit encore, au sommet d'une falaise, des ruines que les gens du pays appellent la *maison de Pétrarque*.

Nous reprîmes notre voiture à l'Isle, et nous revînmes,

sans nous arrêter, par Avignon et par Villeneuve, à la propriété de M. M..., où l'on nous attendait pour dîner.

Le soir, M. M... me demanda ce que je comptais faire le lendemain. Je lui répondis que je pensais me mettre en route et gagner Toulon, où je devais m'embarquer pour la Corse.

— Comment, me dit M. M..., vous allez traverser notre beau pays sans vous y arrêter davantage?... Vous êtes ici à quelques lieues de Nîmes, et vous passerez si près du Pont du Gard, des Arènes et de la Maison-Carrée, sans aller les visiter?... Ce serait une barbarie dont je ne vous crois pas capable. Tenez, j'ai quelques affaires à régler à Nîmes; si vous voulez, je vous y emmènerai demain; nous reviendrons à Avignon par Beaucaire et par Taras-con; vous serez libre ensuite de vous rendre à Marseille et à Toulon.

J'acceptai.

Le lendemain, après déjeuner, je vis Bernet s'arrêter devant la porte avec son cabriolet. Cette fois, au lieu de jeter au pauvre cheval un regard de mépris, je m'appro-chai de lui et caressai son cou long et maigre. Un sourire d'orgueil et de contentement passa sur le visage de Bernet.

Nous partîmes.

Il était environ trois heures lorsque nous arrivâmes à

Remoulins ; nous devions y laisser notre voiture pour aller visiter le Pont du Gard.

Nous trouvâmes Remoulins encombré de monde ; les rues étaient pleines de piétons, de cavaliers et de chariots : c'était un mélange pittoresque de costumes divers, un joyeux pêle-mêle d'hommes, de femmes et d'enfants en habits de fête, qui criaient, parlaient, chantaient, riaient et faisaient tous ensemble un bruit des plus divertissants.

Les auberges regorgeaient de voyageurs, et c'est à grand'peine que nous pûmes nous assurer d'un souper et d'une chambre, prévoyant bien que, quand nous reviendrions de notre excursion, il serait trop tard pour continuer notre route vers Nîmes.

— Quel est la cause de ce mouvement extraordinaire ? demandai-je à M. M... pendant que nous traversions le pont suspendu de Remoulins.

— C'est demain le premier jour de mai, me répondit-il ; c'est une grande fête populaire, que l'on célèbre dans beaucoup de nos pays du Midi : cela s'appelle la *Maios*, ou, en d'autres termes, la *Fête du Printemps*. La Maios est un usage des temps anciens qui s'est conservé jusqu'à nous. Si vous êtes curieux de voir la procession de la Maios, nous pourrons y assister demain matin.

En attendant, si vous voulez, nous allons nous diriger vers le Pont du Gard.

Nous prîmes un sentier qui suit, à la base de la montagne, un défilé étroit et sinueux, et qui devait abréger notre route. A un détour que formait ce sentier, auprès d'une source d'eau vive qui coulait du rocher et s'étendait sur le sol en une nappe claire et limpide, nous aperçûmes une petite caravane composée d'un jeune homme, d'une jeune femme, d'un enfant, d'un mulet et d'un chien.

La jeune mère, assise sur le mulet, serrait son enfant dans ses bras et l'abritait sous les plis de sa capeline ; le jeune homme tenait le mulet par la bride et s'apprêtait à lui faire traverser le ruisseau, nonobstant les appréhensions que l'animal manifestait ; le chien buvait avidement, comme s'il eût voulu épuiser la source.

— Dieu vous garde, messieurs ! nous dit le jeune homme en nous rencontrant. Est-ce que vous ne venez pas à la Maios ?

— Nous y reviendrons ce soir. Nous allons présentement visiter le Pont du Gard.

— Vous n'avez plus qu'un petit quart d'heure de chemin pour y arriver. Bonne route, messieurs !

— Merci. Et vous pareillement !

Nous continuâmes de marcher. Tout à coup, au-dessus des massifs d'oliviers, j'aperçus deux ou trois arcades se détachant sur l'azur du ciel; puis, quelques pas plus loin, le sentier finit brusquement et nous laissa voir la vallée étroite et profonde au fond de laquelle coule le Gardon; enfin le Pont du Gard m'apparut tout entier, jeté entre deux montagnes au-dessus de ce défilé sauvage.

La vue de cet ouvrage hardi et gigantesque rappelle ce peuple-roi qui domina le monde et laissa partout des traces de sa puissance. Les siècles ont passé, et les monuments que Rome a élevés sur tous les points du globe attestent encore sa gloire et son génie. Ce sont des œuvres grandes comme le peuple qui les a conçues : ici une montagne percée ou aplanie; là une vallée comblée; ailleurs un fleuve détourné de sa source; partout la volonté et le génie luttant contre la nature, triomphant de toutes les difficultés et se jouant de tous les obstacles. Dans tout l'univers, qui devint sa conquête, le peuple de Rome apporta sa civilisation et ses arts; il dota tous ces pays divers de routes, de canaux, de villes grandes et superbes, d'utiles et somptueux monuments, effaçant ainsi les traces sanglantes qui avaient marqué son passage.

De tous les monuments que les Romains ont laissés dans la Gaule, le Pont du Gard est un des plus grandioses et des plus imposants. Cet immense édifice se compose de trois rangs d'arches superposés. Le premier rang, sous lequel passe le Gardon, a six arches, le second onze, et le troisième trente-cinq ; ce dernier porte l'aqueduc qui amenait à Nîmes les eaux des sources d'Aure et d'Aïran ; ces eaux arrivaient jusqu'à la ville par des conduits qui avaient près de huit lieues de longueur, et qui, du point de départ au point d'arrivée, traversaient des obstacles de toutes sortes. Ce fut l'armée d'Agrippa qui accomplit ce prodigieux travail.

Lors de l'invasion des Barbares, l'aqueduc fut détruit ; mais le Pont du Gard fut heureusement respecté. Plusieurs fois restauré à diverses époques, il est encore parfaitement conservé et prolongera probablement son existence pendant des siècles nombreux.

Nous étions restés longtemps à visiter ce chef-d'œuvre. Aussi il commençait à se faire tard lorsque nous revînmes à Remoulins. Nous trouvâmes la ville plus bruyante encore que nous ne l'avions laissée, et nous eûmes beaucoup de peine à nous faire servir à dîner dans un coin de la salle de notre auberge. Il y avait là plus de cent personnes se pressant, se heurtant et mangeant, les uns assis, les autres debout. Nous nous hâtâmes de regagner notre chambre.

Le lendemain, nous fûmes réveillés dès le matin par le

son du fifre et du tambourin. C'étaient les musiciens se promenant par la ville pour annoncer la fête.

On se rendit d'abord à l'église. L'enceinte en était trop petite pour contenir la foule ; les portes restèrent ouvertes afin que tous ceux qui étaient dehors pussent entendre la messe.

C'était un beau et touchant spectacle de voir ces longues files de femmes et d'hommes pieusement agenouillés sur le sol. Le vieux pasteur sortit de l'église et fit le tour de la place, étendant sur eux ses mains vénérables et les bénissant au nom du bon Dieu.

La cérémonie religieuse terminée, la fête populaire commença.

D'une fenêtre de l'auberge, où nous nous étions placés, nous vîmes venir la procession de la Maios.

Une charrette décorée de rubans et de branches vertes ouvrait la marche ; elle contenait des joueurs d'instruments. En second lieu, s'avançait une nombreuse cavalcade ; les cavaliers qui la formaient portaient tous des branches de feuillage ou des bannières. Puis venait une troupe d'hommes à pied, tenant dans leurs mains des instruments d'agriculture ; plusieurs charrues attelées les suivaient.

On voyait ensuite des groupes d'hommes et de femmes

se tenant par la main et dansant des *falandoules*. Enfin,. un long cri de joie et d'admiration retentit dans la foule : c'était le *cari* qui débouchait sur la place, attelé de vingt mules, richement harnachées, que des paysans tenaient en main. Le *cari*, espèce de chariot à quatre roues, était orné de draperies, de branches vertes et de rubans de toutes couleurs; sur le devant, gravement assis sur deux fauteuils, se tenaient le *roi de la fête* et son *lieutenant*, en brillant costume; derrière eux, sur une estrade formant un nid de verdure et de fleurs, on voyait une charmante petite fille vêtue de blanc et couronnée de roses.

— *La Maios!... la Maios!...* cria-t-on de toutes parts.

C'était en effet la *Maios*, la véritable reine de la fête, le roi et son lieutenant n'étant là que pour faire les honneurs en son lieu et place, et surtout pour payer sa bienvenue à ses nombreux sujets.

Le cortége parcourut trois fois la ville, puis il sortit dans la campagne. A peine avait-il dépassé les dernières maisons, que nous vîmes, à un signal donné, tous les cavaliers partir au galop dans la direction d'un grand mât surmonté d'un drapeau, qui servait de but à la course. Le vainqueur vint recevoir le prix des mains de la *Maios*.

Après la procession de la Maios, *on court les joies*, c'est-à-dire qu'on se livre jusqu'au soir à toutes sortes de jeux et d'exercices gymnastiques, tels que la course à pied, le saut et la lutte. On y mêle quelquefois des exercices plaisants, comme *la course en sacs*, que tout le monde connaît, et la *course au vase*, pour les femmes : celles-ci doivent courir en portant sur la tête des vases remplis d'eau ; le prix appartient à celle qui atteint le but la première sans avoir répandu une seule goutte du liquide.

Nous laissâmes ces braves gens à leurs jeux et à leurs plaisirs, et nous reprîmes la route de Nîmes. Bernet siffla son cheval, et celui-ci, parfaitement reposé par notre halte à Remoulins, nous fit faire, en moins d'une heure et demie, la distance qui sépare Nîmes de cette ville.

Nîmes est la ville romaine par excellence ; c'est là que se trouvent, en plus grand nombre et dans le meilleur état de conservation, les monuments de cette époque. On dit qu'Auguste, traversant Nîmes au retour d'une expédition en Espagne, remarqua que, comme Rome, elle s'étendait sur sept collines ; il la fit alors reconstruire sur un plan nouveau et l'entoura de murailles et de tours. Agrippa, gendre d'Auguste, continua son œuvre et embellit la ville des nombreux monuments que l'on retrouve encore aujourd'hui.

Après la domination romaine, Nîmes eut à subir de tristes vicissitudes : saccagée tour à tour par les Francs, les

Visigoths, les Sarrazins et les Normands, livrée plus tard
à toutes les fureurs des guerres civiles, cette ville en vint
à être tellement déchue de sa splendeur passée, que, de
près de cinq cent mille habitants qu'elle avait possédés
autrefois, elle n'en compta plus, à la fin du quatorzième
siècle, que quatre cents à peine, sortes de vagabonds et de
mendiants qui erraient au milieu de ses ruines.

François Ier, le restaurateur des lettres et des arts, vit
Nîmes dans cet état de désolation ; il s'en émut, fit réparer
les monuments, appela les habitants de la contrée à venir
la repeupler et à en relever les maisons, leur donna de
nombreux priviléges, et rendit de nouveau l'antique cité
d'Auguste grande et florissante.

La ville proprement dite est petite, d'un aspect peu
agréable, et assez mal bâtie. Les faubourgs qui l'environnent sont plus beaux, mieux situés, avec des rues plus
droites et plus spacieuses. C'est dans un de ces faubourgs
que l'on trouve le délicieux jardin public dit *de la Fontaine*. La seule source d'eau que possède la ville jaillit au
milieu de ce jardin et y forme plusieurs bassins, au milieu
des massifs d'arbres et des parterres de fleurs. Cette charmante promenade, si bien située et décorée avec tant d'art
et de goût, s'étend, sur le coteau voisin, jusqu'au pied de
la *tour Magne*, grande et haute tour, comme son nom

l'indique, dernier reste des remparts bâtis par les Romains, et d'où l'on domine toute la ville et les environs.

Après avoir visité la tour Magne, nous prîmes la place de la Fontaine et le boulevard qui descend de la salle de spectacle à la porte Saint-Antoine, et nous gagnâmes les *Arènes*.

L'aspect de cet amphithéâtre, un des plus grands et peut-être le mieux conservé de tous les cirques romains, produit une impression difficile à décrire. Son enceinte est si vaste, qu'il faut près d'un quart d'heure pour en faire le tour en marchant. Grâce à d'habiles travaux, le monument est maintenant déblayé jusqu'à sa base; il apparaît dans toute sa splendeur et frappe vivement la vue et l'imagination. L'étonnement redouble lorsqu'on pénètre dans l'intérieur et que, de la galerie supérieure, on aperçoit tout à coup les rangs de gradins qui vont en se rétrécissant jusqu'au cirque. On en comptait autrefois trente-cinq, qui pouvaient contenir trente mille spectateurs assis à l'aise; il n'en reste plus aujourd'hui qu'une partie, ceux sur lesquels prenaient place les sénateurs et les chevaliers.

La vue du cirque rappelle les jeux sanglants de ces gladiateurs qui s'entretuaient pour l'amusement du peuple-roi. Aujourd'hui, des courses de taureaux et des joutes de lutteurs ont remplacé ces spectacles barbares.

Notre visite aux Arènes nous avait pris tout le reste de la journée. Le lendemain, tandis que monsieur M... s'occupait des affaires qui l'avaient amené, j'allai voir la *Maison-Carrée*, le monument romain le plus remarquable de Nîmes après les Arènes. C'est un ancien temple d'une architecture si riche et si merveilleusement belle, que Colbert voulut le faire transporter pierre à pierre pour en orner les jardins de Versailles. La Maison-Carrée fut longtemps ensevelie sous les ruines des édifices voisins ; elle subit des mutilations barbares, puis des réparations plus barbares encore : mieux appréciée de nos jours, elle a retrouvé, grâce à d'intelligents travaux, sa forme et sa splendeur premières ; elle renferme actuellement le musée de la ville.

Après avoir encore visité les ruines du Temple de Diane et la Porte d'Auguste, nous quittâmes Nîmes.

Deux heures après, nous étions à Beaucaire.

Beaucaire est une ville toute moderne, située entre le Rhône et le canal de Beaucaire, au pied d'une colline et dominée par un vieux château fort. Cette ville est célèbre par la foire qui s'y tient tous les ans du 22 au 28 juillet ; là viennent des marchands de toutes les contrées de l'univers ; le concours de négociants et de curieux qui s'y rassemblent à cette époque s'élève quelquefois jusqu'à trois cent mille personnes.

De Beaucaire à Tarascon, il n'y a qu'un pont à traverser ; c'est un pont suspendu, un des plus beaux qui existent en Europe ; il repose sur quatre arches, et a une longueur totale de plus d'un demi-quart de lieue.

En entrant dans Tarascon, on passe auprès d'une forteresse bâtie par le roi René.

C'était un singulier monarque que ce René d'Anjou, surnommé le *bon roi René*. Ses domaines étaient nombreux : il possédait à la fois l'Anjou, la Lorraine et la Provence, et même le royaume de Naples. Prince vertueux, sage, instruit, aimant les lettres et les arts, il fit chérir sa puissance de tous les peuples qu'il gouverna. Mais dans ce temps de guerres et de conquêtes, il fallait pour régner savoir manier la lance et le glaive ; or, le roi René s'entendait mieux à tenir la viole ou le pinceau ; par suite, il perdit la Lorraine, puis le royaume de Naples, puis l'Anjou, et il ne lui resta plus que la Provence. C'est là qu'il finit ses jours. Il fut pleuré de ses sujets, dont il était le père, et le peuple garde encore aujourd'hui son souvenir et ne prononce son nom qu'avec amour et respect.

La seule chose curieuse à visiter à Tarascon, après le

château du roi René, c'est l'église qui est sous l'invocation de sainte Marthe, sœur de saint Lazare et de sainte Marie-Madeleine.

La tradition rapporte qu'après la mort de Jésus, les Juifs, pour punir Marthe, Lazare et Madeleine d'être restés fidèles au Christ, les firent entrer dans une barque et les abandonnèrent à la fureur de la mer, par un jour d'orage. Mais Dieu veillait sur la frêle nacelle : les vagues furieuses la respectèrent, et elle vint aborder sans encombre sur la côte de Marseille. De là, les fugitifs s'avancèrent dans la Provence.

Or, dans ce temps-là, les environs de Tarascon étaient ravagés par un monstre horrible, qui faisait chaque jour de nombreuses victimes. Les habitants de cette ville entendirent parler de Marthe et des nombreux miracles qu'elle opérait ; ils lui envoyèrent des députés pour la prier de venir les délivrer de la *Tarasque*. Marthe vint, et, s'étant fait indiquer l'endroit où le monstre avait son repaire, elle marcha droit à lui, seule et sans armes ; bientôt on la vit reparaître, tenant d'une main une petite croix de bois, et de l'autre conduisant la Tarasque enchaînée avec sa ceinture ; elle l'amena ainsi jusqu'au milieu de la ville ; là, le peuple se jeta sur le monstre et le mit en pièces.

Une procession solennelle conserve, depuis dix-huit

siècles, le souvenir de ce miracle de sainte Marthe. Chaque année, on promène dans les rues, au milieu d'un concours immense de peuple, un mannequin colossal représentant la Tarasque : une jeune fille vêtue en sainte Marthe, attache un ruban au cou du monstre, et marche devant lui aux grands applaudissements de la foule.

De Tarascon, nous revînmes directement à Avignon.

Là je quittai M. M..., et je montai dans la diligence qui devait me conduire à Marseille.

De cette dernière ville je me rendis à Toulon.

SOUVENIRS DE LA CORSE

LA DERNIÈRE VENDETTA

Quand, aux premières lueurs du jour, je vis disparaître peu à peu le port de Toulon, et que bientôt les côtes de France ne m'apparurent plus que comme une ligne vague et confuse dans l'horizon lointain, mon cœur se serra, je devins triste et rêveur, et des larmes roulèrent au bord de mes paupières.

Ce n'est pas en vain qu'on laisse ainsi derrière soi la

terre où l'on a reçu le jour, celle qui contient toutes ses
affections et toutes ses espérances ! L'enfant qui, pour la
première fois, quitte sa mère, sent une douleur inconnue
s'emparer de son âme : il craint, il tremble, il se déses-
père ; il lui semble que tout l'abandonne et qu'il reste
seul. L'homme qui s'éloigne pour la première fois, de sa
patrie éprouve quelque chose de semblable.

La patrie, n'est-ce pas aussi une mère pour nous?

Les îles d'Hyères, jadis si florissantes, aujourd'hui
presque désertes, s'étaient perdues peu à peu dans la
brume ; de tous côtés je n'apercevais plus que l'onde et
le ciel confondant au loin leurs teintes azurées.

Vingt-quatre heures se passèrent, pendant lesquelles le
paquebot qui nous portait, rapide, fumant, couvert d'é-
cume comme un vaillant coursier, fendit les vagues calmes
et tranquilles. Au bout de ce temps, l'aurore naissante
nous montra à l'horizon une masse noire entourée par les
flots. C'était la Corse. A mesure que nous approchions,
nous voyions se dresser devant nous ses côtes découpées
en golfes profonds, hérissées de rochers sauvages et menaçants ; bientôt, derrière ces rochers, apparurent de
hautes montagnes aux sommets neigeux, aux flancs couverts de sombres forêts.

Après avoir dépassé les îles *Sanguinaires*, nous entrâmes

dans un golfe immense et majestueux. Au milieu de ce golfe s'avance un promontoire qui dresse au-dessus des flots son front âpre et sourcilleux, couronné par les murailles grisâtres d'une haute citadelle. Ajaccio est situé au pied de ce promontoire. A gauche de la ville, s'élève le mont Pozzo di Borgo, aux flancs ombreux, couverts de mélèzes et de châtaigniers; à droite, s'étendent des collines verdoyantes parsemées d'orangers, de grenadiers et de citronniers, et dominées par la masse imposante et sévère du Monte-d'Oro, dont la cime éternellement glacée, réfléchissant les rayons du soleil, apparaît resplendissante et embrasée au milieu des nuages.

La situation d'Ajaccio, au milieu de cette nature si grandiose, est des plus pittoresques. Plus on approche du port, plus la ville semble coquette et charmante.

Nous vînmes aborder au pied de l'esplanade Bonaparte, vaste promenade qui enserre la ville du côté de la mer.

Je trouvai, sur le quai même, un hôtel où je déposai mon mince bagage; puis je demandai un guide pour aller visiter la ville.

On m'indiqua un jeune homme à la mine fière et intelligente, étendu au soleil comme un lazzarone auprès de la porte de l'hôtel. Je m'approchai de lui et le priai, moyennant salaire, de me conduire dans la ville. Il me répondit en très-bon français, mais avec un accent italien assez prononcé, qu'il était prêt à me servir de guide.

— Qu'est-ce qu'il y a de beau à voir dans la ville? lui demandai-je.

— D'abord la promenade Bonaparte, où nous nous trouvons, me répondit-il.

— Et ensuite?

— La maison de Napoléon.

— Et après?

— La cathédrale où a été baptisé Napoléon.

Et à chaque monument, place, fontaine, rue qu'il m'énumérait, le nom de Napoléon venait toujours s'ajouter. C'est que, partout, les habitants d'Ajaccio ont voulu inscrire ce nom fameux qui résume à lui seul tant de renommée et tant de gloire; partout ils ont cherché à rappeler le souvenir du héros qui a reçu le jour dans leurs murs.

C'est vers la maison où est né Napoléon que je dirigeai d'abord mes pas. Cette maison est petite, de modeste apparence, à quatre croisées de façade et à trois étages; elle forme un des côtés d'une place carrée et plantée d'acacias, située au centre de la ville. C'est là, dans un petit salon que l'on trouve en entrant, au premier étage, que vint au monde, le 15 août 1769, un enfant qui devait remplir le monde du bruit de son nom. A l'endroit où fut son berceau, on voit un magnifique portrait peint par Gérard et représentant Napoléon en costume impérial.

Mon guide me conduisit ensuite à la cathédrale.

L'église Notre-Dame appartient au style de la renaissance; elle est construite en forme de croix grecque et surmontée d'une vaste coupole; elle a un portail de marbre blanc, orné de colonnes plates et cannelées d'ordre ionique. A l'intérieur, on trouve plusieurs chapelles décorées avec une grande magnificence, et ornées de tableaux dont quelques-uns sont dus à des maîtres célèbres de l'école italienne.

La chapelle de Notre-Dame de Miséricorde attira surtout mon attention par la richesse des ornements de toutes sortes qui s'y trouvent rassemblés. Au-dessus de l'autel, dans une niche de marbre, est une petite statue de la Vierge tellement recouverte d'étoffes précieuses, de dentelles, de bijoux et de colliers, que c'est à peine si l'on distingue son visage et celui de l'Enfant divin qu'elle porte dans ses bras. Autour de la statue s'étagent de nombreux vases de fleurs, et brûlent, sur des candélabres d'or, des flambeaux de cire sans cesse renouvelés.

Il y a deux siècles environ, une querelle s'était élevée sur le port entre des matelots de différentes nations; déjà, armés de leurs stylets, ils allaient se précipiter les uns sur les autres, lorsque soudain une madone placée au-dessus de la porte d'une des maisons qui bordaient le quai, descendit de la niche et vint s'interposer entre les combattants. A cette vue, ceux-ci tombèrent à genoux aux pieds de la madone, et laissant échapper leurs armes, se donnèrent la main en signe de réconciliation. Alors seulement, la madone retraversa le port et alla se replacer dans sa niche de pierre.

Ainsi me conta mon guide. Il ajouta qu'après ce miracle, la statue de la Vierge avait été transportée en grande pompe dans cette chapelle, qui était devenue, depuis cette époque, un pèlerinage célèbre et très-fréquenté.

Je remarquai les nombreux ex-voto suspendus à la voûte de la chapelle, et les inscriptions pieuses qui en couvrent les murailles. Il y avait même çà et là quelques tableaux représentant des scènes diverses : l'un, un enfant malade avec sa mère agenouillée auprès de son berceau ; un autre, un vieillard faible et chancelant, soutenu par le bras d'une jeune fille ; celui-ci, un navire assailli par la tempête ; cet autre, une maison dévorée par l'incendie et dont les habitants apparaissent aux fenêtres, tendant vers la foule des mains suppliantes.

Un de ces tableaux attira particulièrement mon attention : ce n'était pas, comme la plupart de ceux qui l'environnaient, une peinture grossière; c'était une toile charmante, décelant une main habile et exercée. Sur le premier plan, devant un bouquet d'oliviers, on voyait deux femmes portant le costume national de la Corse; toutes deux semblaient prier : l'une, agenouillée, levait les yeux au ciel et joignait les mains avec ferveur; l'autre se tenait debout, le regard voilé de larmes et abaissé vers la terre, les lèvres entr'ouvertes, comme pour laisser échapper sa prière et ses soupirs. Deux cavaliers montés sur des mulets, figuraient au second plan. Le fond du tableau laissait apercevoir de hautes montagnes. Une légende placée au bas du cadre portait ces mots :

15 Août 1836

DERNIÈRE VENDETTA.

Le mot seul de *Vendetta* aurait suffi pour exciter ma curiosité : il réveillait dans mon esprit bon nombre d'histoires terribles, de sanglantes légendes, dont j'avais lu autrefois les émouvants récits. Cependant ce tableau, placé dans cette chapelle, ne pouvait rappeler le souvenir d'un crime. J'interrogeai mon guide.

— Si vous voulez savoir *l'histoire*, me dit-il, je vous la conterai.

— Bien volontiers, répondis-je; allons sur l'esplanade Bonaparte.

Nous sortîmes de la cathédrale, non sans avoir visité les fonts baptismaux où Napoléon reçut l'eau sainte, deux ans après sa naissance, le 21 juillet 1771.

Nous gagnâmes donc cette magnifique promenade, qui borde Ajaccio du côté de la mer. Après avoir dépassé les dernières maisons de la ville, nous nous assîmes non loin du rivage, au pied d'un énorme châtaignier dont le feuillage touffu nous garantissait de l'ardeur du soleil. De cet endroit, un vaste panorama se déroulait à nos regards : à droite et à gauche, c'était une ceinture de vertes collines dominées par les cimes neigeuses du Rotondo, du Paglia-Orba, du Cinto et du Cardo; en face de nous, dans un immense horizon, s'étendait la mer, qui tantôt se brisait avec fracas contre les rochers, tantôt venait mourir doucement sur les sables de la grève.

Lorsque j'eus contemplé à loisir ce magnifique paysage, j'invitai mon guide à me raconter l'histoire promise.

Il commença ainsi :

— Vous avez sans doute entendu parler de la *Vendetta*. Autrefois, lorsqu'elle avait commencé entre deux familles, elle subsistait jusqu'à ce que l'une des deux se fût éteinte, jusqu'à ce que le cadavre de son dernier rejeton eût été apporté sanglant dans sa demeure, et qu'il n'eût plus ni parent ni ami pour venger sa mort. Aujourd'hui les lois françaises, auxquelles nous sommes soumis, regardent la vendetta comme un crime et la punissent de mort ainsi qu'un meurtre vulgaire. Il en résulte que la vendetta devient de plus en plus rare parmi nous.

— Et c'est une chose bonne et heureuse pour vous, dis-je en l'interrompant ; car cette barbare coutume est indigne d'un peuple civilisé.

Mon guide fronça le sourcil et me regarda de travers. Je vis bien que si je continuais sur ce ton, je risquerais fort de ne pas m'attirer ses sympathies.

Après quelques instants de silence, il continua en ces termes :

Il y a quelques années, à deux lieues d'ici, vivaient, dans le même village, deux familles, entre lesquelles la vendetta s'exerçait depuis près de cinquante ans. C'étaient les Luppi et les Borghi. Il est inutile de vous raconter l'origine de leur querelle, ni de vous faire la nomenclature des victimes nombreuses qui avaient successivement été frappées de part et d'autre. Qu'il vous suffise de savoir que ces deux familles ne se composaient plus, au moment où commence cette histoire, que de six personnes : dans l'une, une mère âgée et ses deux enfants, une jeune fille nommée Martha et un jeune garçon du nom de Paolo; dans l'autre, un père paralytique, son fils Johanni et sa fille Maria.

En dernier lieu, c'était le père de Paolo qui avait été tué par le père de Johanni; or, comme le meurtrier était vieux et infirme et ne sortait plus de sa demeure, c'était entre les deux jeunes gens que la querelle devait finir. Enfants, on les avait vus plus d'une fois s'étreindre dans des luttes terribles, et souvent l'un d'eux était revenu dans sa chaumière le visage meurtri et sanglant. Leur haine s'était accrue à mesure qu'ils avaient grandi. Enfin ils étaient arrivés à l'âge d'homme, à cet âge où, d'après nos usages, on a le droit de porter un fusil sur son épaule, une *carciera* bien garnie et un stylet à sa ceinture. Évidemment le dénoûment approchait. Déjà la vieille Léona Borghi avait dit à son fils, en lui montrant les armes de son père : « Il n'est pas vengé!... » Déjà le vieux Lorenzo Luppi avait dit à Johanni : « Ne sors jamais sans armes, et prends garde à toi quand tu traverseras le *makis!* »

Par une opposition singulière, les jeunes filles de ces deux familles ennemies s'étaient liées de la plus étroite amitié; malgré la volonté de leurs parents, malgré les châtiments les plus sévères, elles s'étaient prises, tout

enfants, à s'aimer comme deux sœurs. Le tendre sentiment qui les unissait s'était développé et fortifié avec les
années. Souvent, le soir, elles s'échappaient de leurs demeures, et, cachées à tous les regards derrière un buisson du *makis*, elles oubliaient les heures dans de doux
épanchements. Alors elles se disaient leurs craintes, leurs
tristes pressentiments, elles se confiaient les sinistres pensées de leurs parents, les projets de leurs frères. Grâce à
ces confidences et à la tendre vigilance des deux sœurs,
les embûches que Paolo et Johanni se tendaient mutuel-
lement étaient jusque-là demeurées sans résultat.

Un jour (c'était le 15 du mois d'août de l'année 1836),
Johanni partit pour Ajaccio ; il y allait pour des affaires
qui devaient le retenir assez tard. Cette fois, Paolo fut
instruit du voyage de Johanni, et il sut en même temps
qu'il ne devait revenir qu'à la nuit. Il attendit le soir, embrassa sa mère et sa sœur, prit ses armes, et monté sur
sa mule, il se dirigea vers la route qui conduit à la ville et
qui traverse le *makis*.

A peine était-il parti, que Martha, sa sœur, courut du
côté de la demeure du vieux Luppi. Heureusement elle
aperçut Maria sur le seuil de la porte ; elle lui fit signe de
la main de venir la rejoindre et gagna la campagne.
Quelques instants après, Maria était auprès d'elle.

— Hélas ! dit Martha, un malheur aura lieu ce soir !

— Comment?... Paolo saurait-il que Johanni doit revenir cette nuit de la ville ?

— Il le sait.

— Alors, mon pauvre frère est perdu !...

Et la jeune fille éclata en larmes et en sanglots.

— Prions ! dit Martha. Notre-Dame-de-Miséricorde peut seule nous protéger ; elle seule peut veiller sur Johanni et empêcher mon frère de commettre un crime.

Les deux amies s'agenouillèrent sur le sol et se mirent à prier la Madone, s'interrompant de temps à autre pour écouter si quelque bruit ne troublait pas la solitude du *makis*.

Tout à coup des coups de feu et des clameurs retentissent dans le lointain. Martha se lève, éperdue, tremblante, prête à s'élancer dans la direction d'où partent les cris.

Pour Maria, elle est demeurée à genoux ; les mains jointes, les regards élevés vers le ciel, elle s'écrie :

— Vierge sainte, prenez pitié de nous ! Notre-Dame-de-Miséricorde, sauvez mon frère !... Je fais vœu, s'il échappe à la mort, de suspendre un beau tableau dans votre chapelle d'Ajaccio, et d'aller tous les ans, pieds nus, en pèlerinage, prier devant votre image bénie !

A peine avait-elle achevé ses paroles, qu'un bruit de pas et de voix se fait entendre à quelque distance. Maria et Martha prêtent l'oreille : le bruit approche, les voix résonnent plus distinctement. Soudain, à la clarté de la lune, les deux amies aperçoivent Paolo et Johanni, marchant côte à côte sur la route, au pas de leurs mules, et se dirigeant en causant vers le village; et ces paroles arrivent jusqu'à elles :

— Vous m'avez sauvé la vie, dit Johanni; je cesse d'être votre ennemi.

— Et moi, après avoir pressé une fois votre main, répond Paolo, ne dois-je pas renoncer à jamais à ma vengeance?

— Que la *vendetta* soit donc éteinte entre nous. Soyons amis!

— Soyons frères!

Et les deux jeunes gens, descendant de leurs montures, se jetèrent dans les bras l'un de l'autre et restèrent long-temps enlacés. Quand ils sortirent de cette fraternelle étreinte, Maria et Martha étaient auprès d'eux.

— Voilà nos anges gardiens! dit Johanni.

— C'est la madone, reprit Maria, c'est Notre-Dame-de-Miséricorde qui, touchée par nos larmes et exauçant nos prières, a changé les sentiments de votre cœur et éteint, dans de doux sentiments de pardon et d'amitié, la *dernière vendetta.*

— Mais que s'est-il passé? dit Martha ; ces cris, ces coups de feu...

— J'étais sur la route, répond Paolo ; caché derrière un rocher, j'attendais Johanni. Tout à coup, j'entends des cris, des coups de feu et comme le bruit d'une lutte. Je pense que c'est quelque voyageur surpris par des brigands, et oubliant ma vengeance, je me précipite à son secours. Il était temps. Un cavalier, que je ne reconnus pas d'abord, se défendait contre deux brigands dont l'un tenait sa mule à la bride, tandis que l'autre l'ajustait à bout portant. Une balle que j'envoyai à celui-ci l'étendit sur le sol ; pendant ce temps-là le voyageur s'était également débarrassé du premier ; il courut à ma rencontre et me tendit la main ; alors nous nous reconnûmes !... Mais nos mains s'étaient touchées ; elles se pressèrent, comme si une force invisible les eût poussées l'une vers l'autre.

Un mois après cet événement, ajouta mon guide, Paolo Borghi épousait Maria Luppi, et Martha devenait la femme de Johanni.

SOUVENIRS DES PYRÉNÉES

LE MUET DE LA VALLÉE D'OSSAU

Quand on se rend aux Pyrénées, il faut régler son itinéraire de manière à traverser le pays basque et le Béarn et s'arrêter à Pau.

C'est au château de Pau que naquit Henri IV.

Le souvenir de ce bon prince, le plus aimé de nos rois, est plus vivant encore que partout ailleurs dans le pays où il a reçu le jour. En prononçant son nom, le paysan se découvre, et c'est avec un air d'orgueil qu'il montre de loin au voyageur le château de Pau, espèce de nid d'aigle, dressant ses murailles noircies à l'extrémité du coteau sur lequel est située la ville.

D'un ensemble irrégulier et bizarre, le château de Pau n'offre rien de remarquable au point de vue architectural. A l'intérieur, il ne montre au visiteur que des salles dégarnies, des murailles nues et crevassées, ornées çà et là d'images fantastiques, de trophées et d'écussons au milieu desquels on aperçoit, à demi effacée par le temps, la fière devise de Gaston Phœbus, comte de Foix : *Tocquoy si gaouzes*, « Touche si tu l'oses. »

On visite la chambre où le *Béarnais* vint au monde au bruit des chansons de Jeanne d'Albret, sa mère. C'est là que le vieux roi de Navarre, Henri d'Albret, emportant l'enfant dans ses bras, lui frotta les lèvres avec une gousse d'ail et lui fit avaler quelques gouttes de vin de Jurançon, afin qu'il fût brave et joyeux. Et l'enfant sourit; et même, dit la légende, il menaça du poing un portrait de Charles-Quint, devant lequel il se trouvait.

L'esprit plein de ces souvenirs, je suivis les jardins du château et j'arrivai à l'esplanade qui sert de promenade publique à la ville.

Du haut de cette terrasse, on voit se dérouler devant soi toute la belle vallée d'Ossau. C'est la vue la plus admirable que l'on puisse imaginer.

Au premier plan s'étendent de magnifiques prairies, traversées par le Gave, qui suit les caprices du sol et roule son onde blanchie d'écume sur les rochers qui lui servent de lit. Çà et là quelques ponts de bois; puis, à demi cachées par de hauts peupliers, d'élégantes habitations dont les jardins arrivent jusqu'au bord de la rivière.

Plus loin s'étagent de riantes collines couvertes de plantations de maïs, de vignobles régulièrement alignés, de beaux arbres au feuillage épais et vigoureux. On voit descendre, de leurs sommets, de nombreux cours d'eau qui scintillent sur la verdure. Puis mille petits sentiers tournoient autour des coteaux et dessinent sur leurs flancs des lignes blanches et sinueuses.

A droite et à gauche, on distingue de charmants petits villages : ici c'est Gélos, Lezons, Gan, Bizzanos; là Mazères, Uzoz, Jurançon. Jurançon ! c'est là que se récolte ce vin qui fut le premier lait d'Henri IV, ce vin renommé que la table des rois voyait seule apparaître autrefois. La vigne qui le produit était close de murs du temps du *Béarnais*, et le bon roi en était si jaloux, qu'il l'entourait de sentinelles au temps de la maturité, afin que personne ne pût distraire une seule de ses précieuses grappes.

Pour achever le tableau, derrière toutes ces belles collines qui enserrent la vallée d'Ossau, on voit surgir de toutes parts un majestueux amphithéâtre de montagnes, couvertes de neiges éternelles : le mont d'Ourdense, le Goursi, l'Estibère, et enfin la double cime du Pic du Midi.

Le but de mon voyage était le Pic du Midi ; je suivais pour y arriver toute la vallée d'Ossau, tantôt marchant dans la vallée, tantôt gravissant les collines, allant de village en village, sans guide et au seul gré de ma fantaisie.

J'avais fait une longue journée de marche, et j'avais hâte de gagner un village où je pusse trouver un souper et un gîte ; un paysan que je rencontrai dans un sentier me montra du doigt quelques maisons situées au haut d'une colline. Tout ce que je pus distinguer au milieu des phrases qu'il me débita, ce fut le mot de « Bellestein » qu'il me répéta plusieurs fois : je compris que c'était le nom de ce village.

Je me mis donc à gravir la colline.

Chemin faisant, j'aperçus tout à coup, au milieu d'un

bouquet d'arbres, une croix de pierre dont les bras s'élevaient au-dessus du feuillage; en même temps, un bruit
de voix arriva jusqu'à mon oreille.

Je m'approchai.

C'était un calvaire; placé dans une enceinte de verdure;
il dominait la vallée comme pour la protéger et la bénir.
On y arrivait par une longue suite de marches taillées
dans le rocher.

Une jeune Béarnaise était assise au pied de la croix;
elle était plus richement vêtue que les jeunes filles que
j'avais rencontrées jusque-là; un bouquet blanc ornait sa
ceinture, elle tenait à la main une autre touffe de fleurs
blanches. On eût dit une mariée.

Auprès d'elle, un bras appuyé sur le piédestal de la
croix, un jeune homme se tenait debout, portant l'élégant
costume basque.

Je n'étais plus qu'à quelques pas d'eux, et, tout entiers
à leur conversation, ils ne s'apercevaient même pas de ma
présence. Je toussai légèrement, pour attirer leur attention; puis, les saluant, je demandai au jeune homme si
j'étais bien loin de Bellestein.

— A quelques pas seulement, me dit-il; les premières
maisons sont au-dessus de ce calvaire.

— Y trouverai-je une auberge?

— Certainement. Si vous le désirez, nous allons vous conduire.

J'acceptai, et nous nous mîmes en route. Au bout de quelques instants, nous atteignîmes un village traversé par une grande route, et nous nous arrêtâmes bientôt devant une auberge d'assez bonne apparence. Le maître de l'auberge était sur le pas de la porte ; la jeune fille courut à lui et l'embrassa ; le jeune homme lui serra cordialement la main en lui disant :

— Bonjour, père? voici un voyageur que nous vous amenons.

— Qu'il soit le bienvenu, mes enfants, répondit-il, surtout conduit par vous ! Nous tâcherons de faire pour le mieux aujourd'hui, et demain, s'il y consent, nous le garderons à la *noce*.

— Quelle noce? demandai-je, tout étourdi de cette brusque invitation.

— Ne savez-vous pas, me dit l'aubergiste, que demain je marie ma fille Jeanne avec ce brave garçon ?

— Je l'ignorais, répondis-je.

— Allez, continua le brave homme, c'est une étrange histoire que celle de ce mariage ! Si vous voulez, Michel va vous dire cela pendant que Jeanne et moi nous allons apprêter votre souper et votre chambre.

— J'accepte avec empressement, repris-je, mais j'y mets une condition : vous m'invitez pour demain, aujourd'hui c'est moi qui vous invite ; nous souperons ensemble pour mieux faire connaissance.

— C'est dit, répondit l'aubergiste en me tendant la main. Allons ! Michel, en attendant le souper, buvez un verre de vin vieux avec monsieur, et dites-lui votre histoire.

Nous nous assîmes, le jeune homme et moi, auprès d'une table placée en dehors de la maison, et Michel commença le récit suivant :

— Du plus loin que je me souvienne, je me vois installé dans une maison de ce village avec mon père et ma mère.

Mon père était toujours triste et souffrant ; il passait des journées entières assis au coin de l'âtre, la tête cachée dans ses deux mains ; souvent, en se fixant sur ma mère ou sur moi, ses yeux se remplissaient de larmes ; rarement il me prenait sur ses genoux pour me caresser : ma vue semblait, au contraire, augmenter son chagrin.

Le souvenir de ma mère est resté dans mon cœur comme un de ces rêves bénis qu'un fâcheux réveil vient trop tôt interrompre. Elle était si belle, si bonne, si tendre ! Sa voix était si douce à mon oreille ! Ses caresses me donnaient tant de bonheur !

Tenez ! je pleure toutes les fois que je pense à ma mère, et c'est à peine cependant si je l'ai connue. Heureux mille fois ceux à qui le bon Dieu conserve leur mère !

Un soir, je me le rappelle, ma mère, après m'avoir couché dans mon berceau, m'avait donné ce dernier baiser sans lequel je ne pouvais m'endormir. Je dormais... Tout à coup, au milieu de la nuit, je me sens emporté de mon lit; je me réveille et je pousse des cris perçants en reconnaissant que je ne suis pas dans les bras de ma mère. Quel spectacle d'horreur ! De tous côtés s'étendent des flammes ardentes qui brûlent mon visage et mes vêtements. Je pousse des cris déchirants, j'appelle ma mère : sa voix ne répond pas à la mienne !

Que se passa-t-il après ?... je l'ignore. Quand je repris connaissance, j'étais dans un lit qui n'était pas le mien, dans une maison que je n'avais jamais vue, entouré de gens que je ne connaissais pas. Je voulus de nouveau crier et appeler ma mère... la voix s'arrêta dans mon gosier... sous l'empire de la frayeur, j'étais devenu muet !...

J'étais orphelin, et seul j'avais été sauvé de l'incendie. A partir de ce moment, sans parents, sans ressources, pauvre muet, je vécus de la charité publique. Une vieille femme me garda, pendant que j'étais tout petit; puis elle mourut, et je restai seul encore et sans protecteur. Chacun prit pitié de moi : l'un me donnait un asile, l'autre me faisait partager le pain de ses enfants. Le bon Dieu, qui nourrit les petits oiseaux des grains tombés de la gerbe des moissonneurs, veilla sur l'orphelin !

Je grandis ainsi, cherchant à travailler et à me rendre utile autant que mes forces me le permettaient, et m'efforçant de gagner le pain dont la charité me nourrissait. Tout le monde s'intéressait à moi : on me donnait de petites commissions dont je m'acquittais de mon mieux ; tantôt je gardais quelques chèvres, tantôt j'aidais aux femmes dans les travaux des champs. Je vivais ainsi, un jour dans un endroit, un jour dans un autre. J'étais connu dans toute la vallée depuis Bellestein jusqu'à Pau.

On m'appelait *le Muet de la vallée d'Ossau*.

Un jour, il vint dans ce village un nouveau curé, si bon, que, s'il eût vécu, il aurait fini par ne plus y avoir de pauvres ni de malheureux dans tout le pays ; il me vit, apprit mon histoire, s'intéressa à moi et m'emmena dans sa demeure. Dès lors il me traita comme son fils, et malgré mon infirmité, il parvint à m'instruire comme un enfant ordinaire. Vous dire comme j'étais heureux ! Vous dire comme je l'aimais !... J'aurais donné ma vie pour lui éviter un instant d'ennui ou de chagrin.

Cinq années se passèrent ainsi, cinq bonnes et heureuses années. J'étais devenu un grand jeune homme, fort et vigoureux. Mon *bon ami* (c'est ainsi que j'appelais mon protecteur) s'inquiétait beaucoup de mon avenir.

— Pauvre enfant ! me disait-il quelquefois, que deviendrais-tu si je venais à mourir ? Je n'ai rien, et je ne puis assurer ton existence !

Alors je lui montrais le ciel, comme pour lui répondre que je ne pourrais vivre sans lui, et que le bon Dieu me prendrait aussi.

La même pensée le tourmentait toujours. Il me dit un matin :

— Michel, nous partons ce soir pour Paris; il y a là un grand établissement où l'on s'occupe de ceux qui sont frappés du même malheur que toi ; là tu apprendras un bon état, et quand tu reviendras, dans quelques années, tu seras capable, si le bon Dieu me rappelle à lui, de te suffire à toi-même.

J'avais le cœur gros à l'idée de me séparer de mon bienfaiteur, et je pleurai d'abord amèrement; cependant je finis par me consoler un peu : le voyage acheva de me distraire.

Je ne vous dirai pas l'impression que Paris produisit sur moi. J'ai hâte d'arriver au dénoûment de cette histoire déjà trop longue.

Dès le premier jour de notre arrivée, le curé me conduisit chez une dame qu'il espérait intéresser à moi et
faire participer au payement de ma pension.

Mon protecteur et sa demande furent on ne peut mieux
accueillis. La dame, qui était une véritable sainte et qui
ne s'occupait que de bonnes œuvres, s'intéressa d'autant
plus à moi que les traits de mon visage lui rappelaient, par
un certain air de ressemblance, les traits d'une sœur chérie.

— Jugez-en vous-même, dit-elle au bon curé !...

Et elle lui montra un magnifique portrait, représentant
une femme jeune et belle.

Je me mis à contempler ce portrait.

A mesure que je le regardais, il se passait en moi quelque chose d'extraordinaire : il me semblait que les souvenirs de mes premières années repassaient devant mes
yeux ; j'étais encore petit enfant, je revoyais la maison de
mes parents, ma mère me tenait sur ses genoux et me
baisait doucement pour m'endormir !..... Car cette femme
aux traits si beaux, à l'air si tendre et si bon, c'était ma
mère ! ma mère telle que mon cœur s'en souvenait !... Mes
yeux la reconnaissaient, mon âme allait vers la sienne !...
Je crus qu'elle me tendait les bras ; je me levai, je me
précipitai vers son image, et faisant un violent effort, je
m'écriai :

— Ma mère !... Ma mère !...

La violente émotion que je venais d'éprouver en revoyant l'image chérie de ma mère avait produit en moi une révolution soudaine et brisé le lien qui enchaînait ma langue et ma voix.

Après avoir prononcé ces mots: « Ma mère !... ma mère !... » je tombai évanoui.

Quand je revins à moi, la dame tenait une de mes mains dans les siennes et m'appelait son fils. Le bon curé était à genoux : il priait et sur son visage illuminé par une sainte joie des larmes coulaient en abondance.

— Que s'est-il donc passé ?... m'écriai-je. Est-ce un rêve ?...

— Non, mon enfant; c'est un miracle du bon Dieu, me répondit mon protecteur !

Et la bonne dame ajouta :

— Michel ! je suis la sœur de ta mère ! Je suis ta mère aussi !...

Et voici l'explication de cet étrange événement.

Mon père habitait Paris avant de venir à Bellestein. C'était un riche commerçant; malheureusement, voulant augmenter trop vite sa fortune, il se livra à des spéculations hasardeuses ; il se vit ruiné, sous le coup de la honte et du déshonneur. Alors, sans rien dire à personne, il

nous emmena à la hâte, ma mère et moi, et quitta Paris.
Sans doute, il voulait se rendre en Espagne, où il avait un
frère, et là, travaillant de nouveau avec courage, amasser
de quoi satisfaire ses créanciers et reconquérir l'honneur
de son nom. Pourquoi s'arrêta-t-il à Bellestein? c'est ce
que je ne saurais expliquer.

La sœur de ma mère n'avait plus entendu parler de
mes parents; après avoir consacré une partie de sa fortune à payer les dettes de mon père, elle avait fait faire
des recherches nombreuses : tout avait été inutile.

Le bon Dieu venait de me la faire retrouver. Elle était
veuve, elle n'avait pas d'enfants : je devins son fils bien-
aimé; dans sa tendresse je retrouvai ma mère.

Mais il manquait encore quelque chose à mon bonheur : mon protecteur était parti; le chagrin me prit loin de
lui ; alors ma tante poussa le dévouement jusqu'à quitter
Paris et à venir s'établir avec moi à Bellestein.

Deux ans après notre arrivée, je pleurais sur la tombe
du vénérable pasteur qui avait pris soin de ma jeunesse.

J'arrive à mon mariage.

Quand j'étais pauvre, errant et vagabond, tous les petits
enfants du village se moquaient de mon malheur et refu-
saient de m'associer à leurs jeux ; seule, une toute petite
fille, de deux ans plus jeune que moi, prenait pitié de

mon isolement : elle partageait avec moi tout ce qu'on lui donnait, jouait et courait avec moi dans les montagnes.

Jeanne avait été l'amie de mon enfance : voilà pourquoi elle deviendra demain la douce compagne de ma vie.

Ainsi me conta Michel, celui qu'on avait surnommé jadis *le Muet de la Vallée d'Ossau.*

TABLE

FIN DE LA TABLE.

ERRATA

(Page 125, 5e ligne) *au lieu de:* Viel *lisez* VIEIL.

(Pages 148 et 149) *au lieu de:* Notre-Dame-Brebère, *lisez:* Notre-Dame-Brebière.

(Page 158, 6e ligne) *au lieu de* : Le siége d'Amiens, *lisez:* LE SIÉGE DE BEAUVAIS.

Paris. — Typographie Morris et Comp., rue Amelot, 64.